LE BOMEUR

Nathanaël Rouas

LE BOMEUR

Une vie de bobo chômeur

ROBERT LAFFONT

ISBN : 978-2-221-14141-0

1

putaindeptitcon

Vendredi 22 mars 2012

Une journée comme une autre.

9 h 23. Mon réveil sonne.

Impossible de me lever du premier coup.

La veille, je me suis encore mis une caisse avec mes potes.

J'appuie sur le bouton de mon iPhone pour stopper l'alarme.

10 h 06. Réveil en sursaut.

Et merde, je me suis rendormi.

C'est Romain, mon boss, qui m'appelle :

— Ouais, Nat, dis-moi, je viens de recevoir un mail de la cliente... pour le déo là... Bon, elle aime bien l'idée du poker, mais on a pas la bonne baseline pour le moment, t'as pas un truc ?

La baseline, c'est la phrase associée à une marque dans une pub. Genre « Un Mars et ça repart », « Lapeyre, y en a pas deux ».

Raclement de gorge en mode «maiscestbonjsors-demadouche».

En vrai, je suis encore allongé dans mon lit, sous ma couette, il fait froid putain. Je relève le rideau du bout du pied. Un temps de merde.

— Hein? Ouais ouais, si... elle aime bien le poker... Attends... Vas-y, je l'ai : «Ne laissez pas la transpiration dévoiler votre jeu.»

— Ne laissez pas quoi? J'ai pas entendu.

Putain, faut que je me décide à changer mon iPhone. Ça fait un an et demi que je l'ai et il est déjà mort. C'est vraiment des bâtards Apple. Je vais passer chez Samsung.

— Allô? Merde, ça a coupé... Nat? Nat?

— Non je suis là, c'est mon iPhone, il se met en mode silence tout seul, ça coupe le micro, c'est trop relou. Je disais : «Ne laissez pas la transpiration dévoiler votre jeu.» Genre quand tu joues au poker, t'es en situation de stress, donc si tu te mets à transpirer dès que t'as une bonne main, t'es grillé.

— Ah ouais putain, c'est bon ça... Allez à toute.

10h08. Ma journée boulot est terminée. J'ai fait le job.

Je m'appelle Nathanaël, j'ai 26 ans, je suis directeur de création dans une agence de communication. Et mon boulot, c'est ça. Trouver des concepts de communication pour les marques. Ouais, comme Beigbeder dans *99 francs*, la ligne de coke en moins sur le CV. Si je renifle en permanence, c'est juste que j'ai des allergies chroniques, même si peu de gens le croient.

Mon taf est cool. Je débarque à 11 heures tous les matins à l'agence, je prends deux heures de pause déj, je rigole avec mes boss, mes collègues sont mes amis, ça déconne dans l'open space, ça boit des coups, et je peux arriver en short au bureau dès qu'il fait beau, les cheveux décoiffés et les yeux qui piquent de mes soirées de la veille sans qu'on me fasse de remarque.

Tout ce qu'on me demande, c'est de trouver la bonne idée au bon moment.

La BIG IDEA.

C'est comme ça qu'on l'appelle et c'est comme ça qu'on la vend à nos clients. Une ligne spéciale dans nos devis qui oscille entre 10000 et 30000 euros. Ça les choque parfois un peu, d'avoir à payer autant pour une idée. Surtout que la bonne idée, elle est tellement simple que les mecs d'en face se disent : «Merde, j'aurais pu l'avoir.» Sauf qu'ils ne l'ont pas, jamais. Un peu comme dans l'art moderne, quand tu mates une œuvre à 10000 balles et que tu te dis : «Putain, mais donne-moi un feutre et une feuille et je te fais la même merde.» Sauf que t'es incapable de faire la même merde.

C'est la stratégie du «Bah ouais» : Je veux que l'idée soit tellement simple que le client ne puisse me répondre que «Bah ouais».

Dans les grandes agences de pub, les mecs créent des concepts que personne ne comprend. Ils visent la reconnaissance du milieu; ils ne bossent que pour exposer le Lion qu'ils ont gagné à Cannes sur leur bureau et en mettre plein la vue aux petits stagiaires. Aux petites stagiaires en fait.

Bah moi, j'ai un canard vibrant sur mon bureau, et je t'assure que ça procure beaucoup plus de plaisir aux filles que je rencontre.

Ce que j'aime, c'est voir six cents personnes jouer sur la plage en plein été sur le stand de l'opération que j'ai créée. Ça flatte mon ego de voir que ça marche. Que l'idée que j'ai trouvée un matin en me réveillant bourré de la veille, vendue en une présentation Powerpoint de trente slides à mon client, provoque un attroupement sur la plage de Biarritz six mois après.

Je suis tellement sûr de moi que ça ne m'étonne pas de voir que mes idées marchent. Quand nos clients nous félicitent, j'ai juste envie de leur répondre que je savais que ça allait marcher.

Je passe mes semaines à raconter à mes potes les idées que j'ai. Je leur parle presque même pas du succès qu'elles ont. L'idée en elle-même me suffit pour les surprendre, les étonner et les faire bander sur ma condition. C'est ma façon d'exister en société.

Même si y en a certains autour de moi qui ne comprennent pas trop comment on peut payer un gamin de 26 ans aussi cher « juste » pour des idées.

Mardi 10 avril 2012

— Ça va mon fils ? T'as passé une bonne journée ?

— Ouais, coolos.

— T'es repassé chez toi avant de venir ?

— Non, pourquoi ?

— Bah t'es en short et j'ai l'impression que tu sors d'une sieste.

— ...

Mon père a mis du temps à comprendre ce que je faisais dans la vie. Il était fier de voir que j'avais trouvé un CDI en moins de deux semaines à la sortie de mes études. Fier de mon salaire. Il pouvait en parler avec ses potes. Sauf qu'il galérait au moment de leur expliquer ce que je faisais exactement.

Faut dire que le « buzz », au moment où je suis entré dans l'agence en 2006, personne ne connaissait. On était une des premières agences de buzz marketing parisienne. Je lui ai répété vingt fois, hein, vingt fois que notre boulot, c'était de faire parler des marques grâce au bouche à oreille, trouver un concept assez original pour les promouvoir gratuitement par les journalistes à coups de reportages télé et d'articles.

— Bon, papa, un exemple : on a créé une opération pour une marque de fringues, douze mecs en caleçon dans leurs magasins. Des vieux, des jeunes, des grands, des petits, des gros, des minces. L'idée, c'est que cinquante pour cent des consommateurs de la marque sont des consommatrices qui viennent pour leur mec, leur frère, leur père. Chaque fois, elles demandent aux vendeurs de faire le mannequin pour elles. Nous, on a fourni les modèles vivants, et ils se sont trimballés une journée en caleçon dans le magasin. Grâce à cette idée, on a fait parler de la marque chez Ruquier, Pernaut, Fogiel, dans le JT d'M6, la matinale de France 2, etc. Et Mme Michu, quand elle voit ça à la télé, elle trouve ça drôle et elle en parle à ses copines. Alors qu'une pub papier dans un magazine, tu crois qu'elle en parle à ses copines Mme Michu ?

— Ouais, je vois. Mais toi, tu le fais pas, ça?

— Comment ça? Si, c'est nous qui le mettons en place.

— Non, j'ai compris, mais je veux dire : tu te mets pas en caleçon, toi.

— Bah si, c'est drôle, même mon boss se promène en petite tenue dans le magasin.

— Ah... OK.

— Putain, mais ça va! Tu peux pas rebondir sur l'idée, dire qu'elle est géniale, au lieu de t'arrêter sur le détail « mon fils doit se mettre en caleçon dans un magasin » ? On peut rigoler dans la vie, bordel, pourquoi faut toujours qu'un boulot ce soit sérieux ?

Bon, en fait, je n'ai pas dit cette phrase. Sur le moment, je n'ai rien dit. Je ne peux pas en vouloir à mon père. Lui son truc c'est les chiffres. Il est expert-comptable. Un expert-comptable, c'est pas de la déconne. Un expert-comptable, c'est sérieux. D'ailleurs un expert-comptable qui déconne ça fait pas sérieux. Sauf que moi faut que je déconne, parce qu'un créatif qui est sérieux ça fait pas déconne.

En gros, mon père et moi, on est diamétralement opposés.

Bizarrement, aujourd'hui, tout le monde sait ce qu'est le buzz. Même mon père conseille à ses clients de faire du buzz, même le moindre journaliste foireux de France 3 s'emballe : « Et la vidéo qui buzze en ce moment sur la Toile, c'est ce petit panda du zoo de Pékin qui, vous allez le voir... » Tous mes clients qui n'y comprenaient rien il y a deux ans me demandent de faire du buzz. Ils viennent seulement de capter qu'avec une opération qui leur coûte 100 000 euros, ils vont faire parler de leur marque comme s'ils en avaient dépensé 1 million en publicité traditionnelle. « Faut que ça buzze », « Faut faire le buzz, là », « Faites-moi buzzer ça ! ».

Ce mot, je le vomis.

Mais c'est avec ce mot que je gagne mon oseille. C'est avec ce mot que j'arrive en short au bureau. Avec ce mot que je suis un mec cool en soirée.

Jeudi 12 avril, 3 h 36, Social Club, électro qui tabasse

— Et toi, tu fais quoi ?

— Quoi ?! (Putain, j'entends jamais rien en boîte, c'est un calvaire.)

— Je disais : ET TOI, TU FAIS QUOI ???

— AH, MOI ?! Je suis dans la com... (Ne jamais annoncer directement l'intitulé du poste, ça fait prétentieux, attendre la deuxième salve de questions.)

— Et tu fais QUOI dans la com ?

— Je suis CRÉA... ENFIN, DIRECTEUR DE CRÉATION, MAIS ÇA FAIT UN PEU PRÉTENTIEUX DIT COMME ÇA ! (Faut toujours hurler, bordel, comment ils font les deux mecs là-bas pour se parler détente avec le coude sur le bar, je suis le seul à devoir gueuler ?)

— Ah putain, mais c'est mortel, t'es comme dans *99 francs* en fait ? (Putain, on me la fait à chaque fois celle-là.) Et t'as fait quoi, comme opé ?

— Bah là, l'affiche que tu vois sur le comptoir, ouais, pour la marque de bière, ouais... LE TRUC POUR LA MARQUE DE BIÈRE, ouais voilà, bah ça c'est moi.

— Tu rigoles ?

— Non, j'te jure. Tu veux une autre vodka-Get-Perrier ?

J'ai la vie la plus cool du monde. Je fais partie de ce qu'on appelle les « happy few », toujours informé des bons plans, des soirées de fous, du groupe à écouter, de la marque à porter. Toutes les « bonnes » infos me parviennent sans que je les demande. Je mets mes potes sur liste pour les meilleures soirées de Paris. Je peux même leur foutre un +1 pour qu'ils viennent squatter des soirées payées par des marques avec un pote. À Paris, c'est comme ça que ça se passe. Si t'es rentré dans le bon cercle, t'as accès à tout. Tu te retrouves à des braderies APC où tu paies ta veste 30 balles quand d'autres mecs la paient 350 en magasin.

Comme disait Mourousi, je suis chébran. Comme disait Mitterrand, je suis câblé.

J'ai dix idées par semaine à trouver pour avoir cette vie.

Et je les trouve.

Il n'y a pas que des tueries, hein, mais avec l'expérience j'ai réussi à comprendre ce que mes clients veulent, quel niveau de créativité ils peuvent accepter.

Parce que ouais, tu ne peux pas te lâcher comme tu le voudrais quand t'es créa. C'est quand même un business. Donc, faut rentabiliser ta créativité. Et en cas de galère, « Pompe un truc à l'étranger ».

Si t'as un coup de génie, toujours s'assurer qu'en face, la meuf du marketing va comprendre de quoi tu lui parles. Parce qu'elle n'a pas le même feeling que toi. Ce qu'elle veut, c'est du lien au produit. Si son produit fait de la mousse, il faut que ça mousse dans ton idée, c'est ça son « + produit ». Mais tous les savons moussent, bordel ! C'est le principe chimique du savon. Je n'ai jamais eu les couilles de lui répondre ça.

« Vas-y, Camille, tu sais quoi ? Fous-lui de la mousse dans l'écran de chargement du site web de l'opération. Elle comprend rien à notre BIG IDEA, on lui a présenté quatre idées mortelles, toutes différentes, elle ne caaaaaaapte rien, mais elle veut de la mousse, alors fous de la mousse, de la mousse, de la mousse. »

La meufdumarketing : « Ah bah voilà, y'a de la mousse. Là, je vois le lien au produit. »

Ouais, c'est aussi ça mon métier.

Ted, il est content quand je lui refile des bons plans. Il bosse pour une boîte informatique près de Roissy. Il bade. Il a son CDI, ça le rassure. Il va au boulot tous les matins avec son père. Il va déjeuner chez Flunch dans un centre commercial. Il bade, j't'ai dit. Il est venu bouffer avec moi une fois pour ma pause déj. Il faisait beau. Je l'ai amené aux Enfants-Rouges rue de Bretagne, un marché couvert avec plein de traiteurs différents. Il avait l'impression d'être à Aix-en-Provence. Ensuite, on est allés se fumer une clope dans un square, au soleil. Et après deux heures et demie de pause, je suis retourné à l'agence.

Deux semaines après, Ted est revenu me voir.

— Bon, Nat, ça va pas au boulot, j'ai fait une liste des plus et des moins.

— Commence par les moins.

Il sort sa liste gribouillée au Bic, il a dû faire ça dans le RER, un soir en rentrant de sa journée galère.

— Alors numéro 1... heu... Ouais voilà, numéro 1... Je me fais chier au boulot.

— C'est bien de commencer par ça, on va gagner du temps. Arrête ta liste. Barre-toi. Tu gagnes 1 400 balles par mois. En bossant chez McDo, tu pourrais gagner pareil. Alors casse-toi et fais ce que t'as envie de faire. Si tu me disais que t'aimais pas ton taf mais que tu prenais 5 000 balles, j'te dirais de rester. Ou bien si t'adorais ton boulot. Mais là, tu coches aucune des cases. T'as 25 ans et tu réagis déjà comme un vieux qui s'accroche à son CDI.

Ce qu'il ne sait pas, c'est que je commence moi aussi à en avoir ras le bol de faire vendre plus de gel, plus de savons, plus de déo, plus de fringues, plus de parfum, plus de plus de, plus de plus de plus de plus de plus de plus.

Je ne le lui dis pas parce que je préfère renvoyer l'image d'un mec cool, à qui tout réussit, l'image d'un mec confiant.

Mon problème, c'est que je me rends compte peu à peu que je suis créatif, OK, mais que je ne suis pas un artiste.

Will, mon pote réal, a cette chance-là. Si un jour il sort un long métrage, il pourra marquer la vie des gens. Stef, mon pote producteur de musique, si un jour il sort un tube, il pourra marquer la vie des gens. Moi, même mes idées qui ont le plus cartonné, elles ont fait sourire les gens trente secondes, les consommateurs en ont parlé dix secondes avec un pote et ils sont passés à autre chose. Dans cinq ans, je serai le seul à me souvenir de mon opé Petit Bateau.

Tout ce que je fais, c'est de l'éphémère.

Alors ouais, c'est plus cool que la plupart des boulots de mes potes, mais je commence à tourner en rond. Il me faut de la nouveauté.

J'ai commencé stagiaire il y a quatre ans et je dirige maintenant le pôle créatif de l'agence avec cinq personnes sous ma responsabilité.

Au bout d'un an dans la boîte, en plein mois d'août, je m'étais retrouvé à gérer une présentation pour un budget à 1 million d'euros à la clé. Mes boss avaient déjà prévu leurs vacances quand un groupe de centres commerciaux nous avait demandé une opération originale. Un cadeau du ciel, cette demande en plein mois d'août. Mes patrons étaient obligés de me faire confiance. Je fonctionne à la confiance. Si on a confiance en moi, alors j'ai confiance en moi. Et je deviens un tueur.

Moi, j'avais prévu de partir en septembre avec mon pote Will. On s'était dit que le mois d'août à

Paris, c'était super cool. C'est quand on était jeunes qu'on pensait ça. Maintenant, on sait que c'est une angoisse Paris au mois d'août. Il fait un temps de merde, il n'y a personne dans les rues, dans les bars, dans les boîtes.

Mes boss m'appelaient parfois pour savoir où ça en était. Je leur expliquais mon idée, comment j'allais la présenter, et ils validaient. En rentrant de leur séjour, ils ont jeté un œil à ma présentation, fait deux trois modifications, et on est allés présenter mon projet. À la fin du rendez-vous, je savais que j'avais tapé dans le mille... enfin, dans le million.

En attendant la réponse du client, j'avais passé deux semaines en Grèce avec Will.

Ah, sympa, la Grèce au mois de septembre... On nous avait parlé des Cyclades, un enchaînement de petites îles mignonnes où ça fait la fête en permanence. Notre pote Julien y était allé l'année d'avant, il y avait une tonne de filles, des soirées dans tous les sens. Avec le reste de sa bande, ils avaient organisé un championnat, à qui se taperait le plus de meufs. Une fille jolie : 5 points. Une fille pas terrible : 3 points. Un bisou et un peu plus : 1 point.

Pour en arriver à faire un championnat, c'est qu'il devait y avoir pas mal de joueurs. Ouais bah au mois de septembre, notre championnat ressemblait à un tournoi de cricket au Liechtenstein. Y avait pas beaucoup d'équipes. Will, moi, et en face des équipes amateurs genre la Suisse et Andorre.

Le premier soir, en arrivant devant la boîte que tout le monde nous avait conseillée, le videur français qui devait être là pour la saison nous laisse entrer sans aucune question. À l'intérieur, trente-sept personnes. Trente-sept pile, je te jure, je les ai comptées.

Le videur : « Ah mais les mecs, y a deux semaines c'était la guerre ici, y avait deux mille six cents personnes, y avait des groupes d'Espagnoles, d'Anglaises, de Hollandaises, de Danoises. Et je peux te dire qu'ici elles se lâchent, les meufs, c'est les vacances, quoi ! On a des énormes cages suspendues où plein de nouveaux couples entrent pour se pécho, on fait des tournées de shots offertes au moment où le dj balance le son de l'alarme. Bon, là on a fermé l'étage et le sous-sol. On a aussi démonté le grand bar dont je vous parle. Et puis on a viré les cages parce qu'à cette période, personne n'ose entrer dedans. Ce soir, on ferme à 2 heures, les gars, c'est les horaires de septembre. »

Mois d'août de merde à Paris, mois de septembre de merde en Grèce. Bon, on a quand même réussi à marquer quelques points, mais j'aurais préféré être dernier de la Coupe du monde, plutôt que premier de ce tournoi de merde.

À mon retour, j'ai frappé à la porte de mes boss :

— Les mecs, faut qu'on se voie pour discuter.

— Bah, on se voit, là.

Vu le rapport que j'ai avec Romain et Édouard, c'est vrai que c'était un peu bizarre de leur demander un rendez-vous. Quand j'ai quelque chose à leur dire, que je veux leur parler de ma dernière idée de génie, j'entre simplement dans leur bureau et je les interromps.

— Non, mais en mode rendez-vous.

— OK, la semaine prochaine ?

— Prenons une date précise. Mardi 11 heures, ça vous va ?

— Ouais OK. Sujet de la réunion, j'écris revendication salariale ?

— Bah oui.

J'avais 24 ans, je venais de faire gagner 1 million d'euros à l'agence. Je devenais le mec le plus confiant de mon âge. Ils ne pouvaient rien me refuser. Je suis devenu directeur de création sur ce gros coup.

C'est pour ça que j'ai trop de mal à me barrer, à chercher du boulot ailleurs : cette agence, ces boss, ils m'ont fait grandir. Ils m'ont donné leur confiance alors que je n'étais qu'un gamin.

Cela dit, ils m'ont mal éduqué putain, ils m'ont donné beaucoup trop de liberté, m'ont fait découvrir un monde du travail que je ne retrouverai jamais ailleurs tellement il est cool.

— T'as déjà dormi torse nu dans le même lit que ton boss ?

— Hein ?

— Moi ouais. Pendant la nuit, j'ai même cru que c'était une meuf et je lui ai mis la main sur la poitrine.

— Mais nooooon...

— On était à Marseille pour une opé Orange, on est allés en boîte tous ensemble, on s'est marrés putain

J'ai même un de mes deux boss qui sort avec une de mes meilleures amies depuis ma pendaison de crémaillère.

Je les avais laissés dans la cuisine à 21 heures après avoir fait les présentations, puis le monde était arrivé, puis tout le monde dansait, puis tout le monde était bourré, puis je cherchais un verre, puis j'ai poussé des gens pour atteindre le bout de la cuisine, puis je les ai retrouvés en train de s'emballer comme des gosses à 3 heures du mat' sur mes plaques de cuisson à induction.

J'ai besoin de nouveauté mais je n'arrive pas à partir. Je resterai jusqu'au bout dans cette boîte.

Et le bout arrive dans peu de temps apparemment.

Ça fait six mois que Romain et Édouard me tiennent informé, me disent qu'on est un peu dans la merde, qu'on est dans la merde, qu'on est dans la merde jusqu'au cou.

Six mois que je dois continuer à motiver mon équipe pour qu'on gagne un maximum de budgets.

Six mois que je ne veux pas croire que l'agence va fermer.

Six mois que je réponds à mes potes : « Ouais, c'est un peu chaud mais on va s'en sortir. »

Six mois, c'est long.

Et les deux heures pendant lesquelles ma vie va changer, c'est court. Très court.

2

unsurunmillion

Mardi 10 décembre 1991

— NATHANAAAAËL !

Aïe, c'est pas bon signe ça. D'habitude c'est Nathy. Quand papa m'appelle Nathanaël, c'est qu'il va me crier. (Ouais, à l'époque, pas besoin d'ajouter « dessus », c'était assez clair comme ça.)

— NATHANAAAAËL !

— Oui, oui, j'arrive.

Je monte les escaliers pour le rejoindre dans sa grande chambre. Il est à son bureau.

— C'est quoi, ça ?

— Mon carnet de notes.

— Non, ça.

Il pointe du doigt le commentaire de ma maîtresse.

— Je sais pas.

— « Fait le pitre en classe. » LE PITRE EN CLASSE !

— ...

— Je suis pas content, hein !

Silence.

— Mais ça veut dire quoi « le pitre » ?

— ...

Ah ça la fout mal de s'énerver contre son gosse avec un mot qu'il ne comprend pas.

— Ça veut dire « faire le clown ».

— Ah mais c'est trop bien ça !

— Mais non, c'est pas bien !

— Ah d'accord, c'est pas bien.

Je suis en CP et le premier commentaire de carnet de notes de ma vie vise juste. Cette maîtresse est un génie de la psychologie. En un trimestre, elle a compris ce que j'aime faire et ce que je veux devenir.

Sauf que pour elle – et mon père –, c'est un commentaire négatif.

Dimanche 16 décembre 1991

Comme tous les dimanches matin, je suis entre mon père et ma mère, dans leur lit. Ils ont encore des couvertures. Pas des couettes, non, des couvertures. Qui piquent un peu. Aujourd'hui, tu n'en vois que dans des hôtels miteux ou chez les grands-parents.

Je suis à la meilleure place du monde.

Ma mère est en train de lire l'un des trois livres qu'elle lit en même temps. Mon père feuillette ses journaux. Mon père, il lit soit des livres sur Mitterrand, soit des magazines.

— Je sais ce que je veux faire plus tard. Je veux être comédien.

Ma mère, sans tourner la tête :

— Chéri, y en a un sur un million qui réussit, fais des études d'abord, tu verras après.

Dans ma famille, c'est pas « Passe ton bac d'abord », c'est « Passe ton bac + 5 d'abord ».

Mon père ne lève même pas un sourcil, ne répond rien. Ma proposition doit être vraiment stupide.

J'ai appris plus tard que mon frère Davy, de onze ans mon aîné, avait timidement émis l'idée de faire Louis Lumière. Passionné de cinéma, il voulait devenir réalisateur.

« Fais des études d'abord. »

Direction Dauphine, drame familial après le redoublement de la première année de DEUG, puis expertise comptable. Récupération du cabinet de papa. Réglé.

Mon frère aîné, il a une culture générale de malade mental. Il connaît tout en ciné et en musique, te sort des références exceptionnelles en deux secondes. C'est un artiste refoulé.

Puis le cadet de la fratrie, Ilann, voulait faire de la télé.

« Fais des études d'abord. »

Direction la Sorbonne. Quatre ans de droit. Un DESS à Dauphine.

Lui c'est pas l'aîné, donc il a eu la chance de la jouer un peu différemment. Pendant quatre ans, il a feinté les parents avec du droit. Et la dernière année, *bam*, master médias. Il a réussi son coup, il bosse « à la télé ».

C'est pourquoi désormais la grand-mère de sa femme lui demande de régler la réception des chaînes sur son téléviseur ; pour elle, ça se résume à ça.

Et enfin, le dernier, moi, vraiment le ptit dernier. Sept et onze ans de différence avec mes frères. Toutes les portes ouvertes.

Mais ce jour de décembre, j'ai quand même eu le droit au « Fais des études d'abord ».

REPEAT

— Y en a un sur un million qui réussit.

— C'est bon alors, pourquoi ce serait pas moi le UN ?

3

prendsçadanstaface

Vendredi 22 juin 2012

Une journée comme une autre.

9 h 23. Mon réveil sonne.

Impossible de me lever du premier coup.

La veille, je me suis encore mis une caisse avec mes potes.

J'appuie sur le bouton de mon iPhone pour stopper l'alarme.

10 h 06. Réveil en sursaut.

Cette fois, ce n'est pas un appel de Romain qui me lève, mais juste une très mauvaise sensation. Il fait beau, un grand ciel bleu, sans nuages, pourtant cette journée, je la sens mal.

Tous les matins, en entrant dans ma douche vers 10 heures, je me dis que je n'ai pas une vie normale. La plupart des gens sont au boulot depuis plus d'une heure. Je suis un des seuls travailleurs de France à prendre le métro pour aller au boulot à 10 h 34. Je peux récupérer mon petit *Direct Matin* tranquille, y en a une tonne qui traînent sur les sièges, je trouve toujours de la place pour m'asseoir. En fait, je m'assieds où je veux dans le métro : il est vide. J'ai juste le temps de lire le premier article et les pages sport que je suis déjà arrivé.

En sortant du métro, pour la première fois depuis six mois, je me demande comment cela se passerait si l'agence fermait, si ma première expérience professionnelle s'arrêtait maintenant. Clôture du premier pan de ma vie.

Chelou.

La com, ce sera peut-être juste une expérience dont je parlerai à mes gosses, en disant à leur pote : « Ah, t'es dans la communication ? J'ai fait ça moi un peu, quand j'avais ton âge. Ahh, j'ai fait de belles opérations tu sais... Enfin bon, c'était beaucoup plus créatif à notre époque qu'à la tienne, hein. » En mode vieux con, quoi.

Je n'ai pas envie que ça s'arrête.

Cinq ans qu'on se marre, cinq ans qu'on gagne des budgets, cinq ans qu'on gagne des prix, cinq ans qu'on grandit.

OK, je voulais changer de boulot, je tournais en rond et tout, mais en fait, non, je veux rester là, moi, avec mes boss et mes collègues.

Plus je m'approche de l'agence, plus je la sens mal cette journée.

Arrivé en bas du bureau, comme tous les matins, j'hésite entre l'ascenseur et les escaliers. Il n'y a que deux étages, mais comme je ne suis pas encore complètement réveillé, j'ai la flemme. Chaque fois que je suis devant cette porte d'ascenseur j'hésite. Deux étages c'est rien, mais le matin, c'est chiant. Le vrai truc qui me décide à prendre les escaliers, c'est qu'un collègue arrive en même temps que moi.

— Salut Nat ! Bah, qu'est-ce que tu fous scotché devant l'ascenseur ?

— Hein ? Non, je checkais un mail sur mon iPhone mais je capte mal dans les escaliers, j'arrive, j'arrive.

Chaque matin depuis cinq ans, je monte en ascenseur en ayant peur de me faire gauler.

Ça ne peut plus durer, je vais faire mon coming out ascenseurial.

Voilà, ce matin, je vais entrer dans le bureau et gueuler dans l'open space : « Tous les matins depuis cinq ans, je prends l'ascenseur, je ne prends l'escalier que quand il y en a un de vous qui arrive en même temps que moi... et je vous emmerde. »

Deux étages plus tard, un peu essoufflé (« Putain, faut que j'arrête de cloper, être essoufflé à 26 ans pour deux étages, c'est moche »), je me retrouve devant la porte de l'agence. Notre logo est présenté sous une plaque de verre accrochée sur la grosse porte en bois. Deux étoiles mauves en mode Star Ac'. Mes potes se foutent toujours de ma gueule quand je sors ma carte de visite. Ils me disent qu'entre notre logo et notre nom d'agence, « Nouveau Jour », on dirait que je bosse pour un magasin du sentier.

La porte de l'entrée est toujours entrouverte, l'assistante à l'accueil ne veut pas se faire chier à se lever quarante-deux fois par matinée pour ouvrir.

L'agence, c'est un moulin. Mes potes sont déjà tous passés boire un café, dire bonjour à mes boss, lancer trois vannes. Mes collègues connaissent John, Ted, Will, le prénom de toutes mes ex et de certains de mes plans cul.

Je traverse l'agence pour aller au pôle créa, au fond des bureaux. Ils sont en longueur. Un grand open space. Genre trente mètres en ligne droite, avec tous les bureaux sur la gauche, de grandes tablées de six personnes, et sur la droite une grande baie vitrée qui donne sur la rue et sur le resto chinois d'en face qui fait sécher son canard laqué aux fenêtres du premier étage.

L'ambiance est pesante. La plupart de mes collègues ne se rendent compte de rien. Mais je sais qui regarder.

4 directeurs de pôle + 2 boss + 1 directrice financière + 1 directrice de clientèle = 8 personnes à checker du regard. Attends, 4 + 2 + 1 + 1, ouais 8.

Sur les huit, il manque Édouard et Romain. Qu'est-ce qu'ils foutent, bordel ? Pourquoi les boss ne sont pas là ?

Les six autres baissent la tête quand j'arrive. Stéphane qui s'occupe des partenariats de marque me rend un sourire gêné, Sophie qui gère les grands comptes de l'agence s'enfonce dans son siège à mon passage et baisse les yeux, et Anne-Laure des relations presse fait semblant de taper sur son BlackBerry quand je lui dis bonjour.

À mesure que j'avance, je mesure l'ampleur de ce qui se joue.

J'arrive dans mon bureau. J'ai milité pendant un an pour récupérer avec mon équipe le seul bureau fermé de l'agence : «Franchement, il nous faut un truc fermé, c'est impossible de réfléchir avec tout ce bordel à côté, faut qu'on puisse s'isoler.» J'ai même négocié un canapé. Sur la grande table, y a des livres d'art, un livre intitulé *101 expériences psychologiques* que j'adore regarder de temps en temps parce qu'il permet de trouver des idées marrantes d'opérations de com, un poster du one man show que j'ai coécrit avec John, une affiche du PSG 92 que Will a laissé quand il a tourné un pilote de programme court dans mon bureau.

Loïc est assis sur le canapé, un mug de café dans la main gauche, son Mac posé sur la petite table basse Ikea en face de lui. Le soleil tape fort dans notre bureau à cause de la grande baie vitrée. Loïc a l'air détendu, il me demande ce que je pense de l'idée qu'il m'a envoyée par mail la veille...

— Pas mal ouais, pas mal, on en reparle tout à l'heure.

Putain mais c'est pas possible de ne rien voir à ce point. Ça veut dire qu'on a réussi à garder la motivation de nos équipes pendant six mois de galère.

Je suis à peine assis qu'Édouard m'appelle. Il est avec Romain dans la grande salle de réunion depuis mon arrivée.

— Réunion avec tous les directeurs de pôle.

Et merde.

Merde, merde, merde.

MERDE MERDE MERDE MERDE MEEEEEEER-DEEEEEEEEE.

11 h 24, salle de réunion

Au sol, il y a encore la fausse pelouse qu'on avait achetée pour les diffusions de matchs de l'équipe de France à l'Euro avec nos clients. Comme les matchs étaient en milieu d'après-midi, on leur proposait de faire croire qu'ils avaient rendez-vous avec nous à leur boss pour finalement venir mater le match. On avait appelé l'opération « la fausse excuse ».

L'écran plasma accroché au mur diffuse l'image de veille d'un jeu de Playstation que les filles des relations presse ont présenté hier à des journalistes. À côté de la fenêtre, trente bières de la marque pour laquelle on organise des événements au Baron et au Social Club et un poster grandeur nature de Romain, un des boss, en caleçon. Une relique d'une opération pour une marque de fringues. Quand nos clients entrent dans la salle de réunion, ça met toujours une bonne ambiance de voir le boss en caleçon. Ça leur montre qu'on est plus cool qu'eux.

— On a eu le fonds d'investissement hier au téléphone avec Romain. C'est fini. On part en liquidation judiciaire.

Silence.

Je suis incapable de penser à quoi que ce soit en fait.

Silence.

Sophie tente une relance.

— C'est fini genre vraiment y a rien à faire ?

— Ouais.

Édouard a été expéditif. Pas de sentiments, pas de gants.

Un peu comme lorsque Lou m'a basé il y a trois ans. On avait commandé un café. J'avais eu le même mauvais pressentiment qu'aujourd'hui et elle avait attaqué direct :

— Bon écoute, j'ai eu un coup de cœur pour un mec pendant les vacances.

Bam. Expéditif. Rien à ajouter.

Je m'étais levé, j'avais réglé l'addition et je m'étais barré en disant au revoir. En essayant de garder un minimum d'élégance. Rester sur une bonne note. Que la meuf se dise : « Putain, même dans cette situation, il est là, il garde la tête haute. »

Dans ce genre de plan, tu n'as rien à ajouter, pas de débat, pas de questions à poser. Je n'ai aucun souvenir matériel de mes premières amours. Aucune photo, aucun petit mot. Aucun texto. Aucun mail. Tout est effacé. Dans ma tête, j'ai des regrets, mais pas de souvenirs précis de mes ex.

Aujourd'hui, Édouard agit comme Lou. Y a rien à ajouter. C'est fini, c'est tout. Pas besoin de tourner la tête pour sentir que Caro n'arrivera pas à retenir ses larmes. C'est la directrice du pôle production, ma sœur d'agence. Cachée derrière ses longs cheveux bruns et ses petites lunettes à grosse monture noire, elle va craquer. Je le sais. Putain, Caro, me fais pas ça.

Et les autres là, parlez, faites quelque chose.

C'est le calme plat.

Silence.

Putain de silence.

Normalement, c'est à moi de faire le con dans ce genre de moment, à moi de sortir le ptit truc qui va faire sourire, qui va détendre tout le monde. Mais je n'y arrive pas. J'ai la gorge nouée. La même gorge nouée que celle de mes 6 ans quand Mickey, l'entraîneur de Rocky, mourait dans *Rocky 3*. Celle dont j'avais parlé à ma mère devant le film :

— Maman, c'est bizarre, à chaque fois que je vois *Rocky*, j'ai comme une boule dans la gorge... Qu'est-ce que c'est ?

— C'est parce que t'es triste, chéri.

Bah là c'est ça, je suis triste. On dirait une fin de repas de famille après une engueulade. Personne n'ose prendre la parole. Le boss a les yeux rouges.

Silence.

Je ne dis rien.

Je ne pense à rien.

C'est le vide complet dans ma tête.

J'ai un sourire gêné.

Je ne vois pas l'intérêt de sourire, mais je souris.

Ça y est, Caro ne se retient plus.

Je l'entends sangloter à mes côtés. Je suis incapable de bouger, de la prendre dans mes bras, d'avoir un geste de tendresse.

Romain ne dit rien. Il ne sait pas gérer ce genre de situation.

Ce mec, on dirait moi dans dix ans. On a le même parcours.

Pendant six ans, chaque fois que je lui racontais un truc nouveau dans ma vie perso, il me souriait avec un sourire qui voulait dire « c'est dingue comme on a la même vie », parce qu'il avait fait exactement la même chose que moi dix auparavant.

On a tous les deux commencé à mixer au Café Chéri(e).

On a tous les deux animé une émission de radio.

On est tous les deux fans du PSG.

On finit les phrases de l'autre. On comprend les idées de l'autre avant même qu'il ne les ait expliquées.

Ce mec est mon mentor.

Et, comme moi, il est nul dans les situations compliquées.

Autour de cette grande table noire de réunion, il n'y a que des pères et mères de famille. De 30 à 43 ans.

Moi j'en ai que 26. Et c'est dans ce genre de moment que ça se voit.

D'habitude, pour faire le malin, je suis là, mais pour prendre ses responsabilités, y a plus personne. Je ne peux pas tenir en voyant ces gens que je respecte tant avec les larmes aux yeux.

Je me lève et je quitte la réunion sans un mot.

Comme avec Lou.

Je fuis.

En me voyant me lever, Lou m'avait demandé de rester pour discuter... Mais discuter de quoi, bordel ?

Toutes les meufs font ça. Elles te basent et elles aimeraient quand même que tu restes un peu parler avec elles. C'est juste du putain d'égoïsme d'oser demander ça. C'est pour ne pas avoir à encaisser qu'elles font de la peine à l'autre.

Dehors, j'appelle mon père, mes frères, ma mère, pour leur annoncer que c'est fini. Ils étaient au courant que l'agence n'allait pas bien. Ils ne sont pas étonnés. Bizarrement, j'ai l'impression que tout le monde s'en fout un peu. La situation ne paraît pas très grave. Je ne ressens pas beaucoup de compassion dans leurs mots. Ça doit être l'expérience. Ilann a déjà vécu une liquidation judiciaire, dans une boîte où il se sentait autant à la maison que moi dans la mienne. Et il s'en est remis. Mon père a connu aussi une fermeture de boîte, il sait que ce n'est pas la fin du monde. Leur réaction est la même que celles qu'ils ont eue à chacune de mes ruptures amoureuses. Ils étaient présents, m'écoutaient, mais ne débordaient pas d'empathie, tout simplement parce que leur expérience leur a montré que l'on se remet de tout.

Ils ont sûrement raison. Pourtant à cette minute, je ne peux pas le comprendre. C'est insupportable, quand t'es dans le trou, d'avoir pour seul conseil : « Non t'inquiète, ça va passer... » Mais casse-toi ! Je veux juste me plaindre là, je sais bien que ça va passer, mais là, tout de suite, maintenant, je ne veux pas l'entendre.

J'ai les yeux mouillés, la gorge nouée, du mal à parler, et personne ne trouve la bonne réponse au bout du fil. C'est vrai qu'on ne se rend jamais compte de l'attachement des gens à leur job. On ne sait même pas ce qu'ils y font toute la journée. Quand Ted me dit qu'il est au boulot, je n'arrive pas à m'imaginer ce qu'il y fait concrètement, avec qui il parle, comment il se comporte, si ses collègues sont cool.

Bon, lui il s'en fout de son boulot, c'est peut-être pas le meilleur exemple.

Mais moi, bordel, mon entourage sait que j'adore mon taf. Et j'ai l'impression que tout le monde s'en tape. En même temps, est-ce que je me soucie vraiment du boulot des autres, moi ? Franchement, Davy ne me parle jamais de son travail, et c'est pas très grave. Il ne va pas me raconter le dernier contrôle Urssaf de son client. Lui, il ne parle pas de son boulot. Moi, j'ai besoin de parler de tout ce que je fais.

Ma famille à ce moment précis, c'est mes boss et mes collègues. C'est avec eux qu'il va falloir surmonter cette épreuve.

Je remonte.

Édouard envoie un mail à toute l'agence : « Rdv dans 10 minutes dans la grande salle. » On continue la stratégie de l'expéditif, hein.

Toute mon équipe se retourne vers moi. Camille enlève ses lunettes et lève la tête de son ordinateur : « Alors ? » Je la regarde du coin de l'œil : « C'est chaud. » Je me défile encore. Je ne peux pas prendre la responsabilité de leur annoncer clairement que c'est fini.

12 h 32, salle de réunion

On est quarante-deux dans la salle.

Certains sont assis par terre, d'autres sur les tables de réunion, certains restent debout. Moi, je me mets tout au fond de la salle, dans l'encadrement de la porte. J'y pose mon épaule. J'assiste à tout ça comme un spectateur qui connaît déjà la fin du film. J'ai l'impression de voir le dernier jour d'une colonie de vacances qui aurait duré six ans. Avec le directeur de colo qui prend la parole, ému de savoir qu'il ne verra plus les enfants qu'il a eus sous sa responsabilité.

On s'amusait à faire ça avec mes potes, quand j'étais mono en colo. Le dernier soir, on faisait un long discours où l'on disait aux enfants : « Voilà, c'est fini. On a passé trois semaines ensemble, c'était génial, et demain, vous allez rentrer chez vous, vous allez retrouver vos parents, dormir tout seul, et ne plus voir vos amis pendant un an, jusqu'à la prochaine colo. Et puis c'est bientôt la rentrée des classes, il va falloir aller acheter les affaires, la trousse, les cahiers, les classeurs... »

Là généralement ils se mettaient à pleurer. Ah ouais, on était forts, hein. En trois minutes on te faisait chialer deux cents gosses. Mais on faisait ça pour mettre de l'émotion dans leur quotidien d'enfants. Pour donner de l'importance à tous les moments qu'ils venaient de vivre. Si on avait fini la colo en disant « Bon allez, bye », le gosse serait rentré chez lui en disant à ses parents « Ouais, c'était cool ».

Édouard prend la parole, dit deux mots, et s'arrête de parler. C'est marrant de voir comme tout peut être compris grâce à un silence.

Les plus anciens ont déjà les yeux mouillés. Caro est à l'autre bout de la salle. Nos regards se croisent.

On se fixe.

Comme si l'un et l'autre on se disait de ne pas craquer maintenant, pas devant les autres.

Personne n'a encore conscience des implications de la liquidation. On est dans la tristesse de l'instant présent. On ne peut pas comprendre que l'on est au chômage.

On n'est pas en blouse grise avec un logo Renault dessus. Aucun de nous ne fait cramer un pneu, il ne pleut pas, on n'a pas de pancartes de revendications. On n'est pas à Dunkerque. Notre situation ne ressemble pas du tout aux films français sur le chômage avec Karine Viard et ses trois gosses sur les bras.

Nous, il fait un temps de ouf et notre première décision, c'est d'aller prendre l'apéro tous ensemble.

À 17 heures, on se retrouve dans un bistrot parisien. Tout le monde est looké, bien loin de l'image du chômeur que l'on se fait. Y a de la Nike, de la Dolfie, de la jupe de créateur.

Bizarrement, tout le monde a le sourire, on se rappelle déjà nos bons souvenirs. Les petits nouveaux de la boîte ont la tête ailleurs et me demandent des conseils sur leur avenir. Eux, ils n'ont pas besoin de digérer la situation.

Moi, si.

John me propose une soirée chez lui le soir même.

Ça me changera les idées, faut que j'y aille.

Ça va même changer ma vie en fait.

Je vais prendre conscience de ma situation.

23 h 04. Assis sur un Chesterfield, une clope dans la main droite et une bière dans la main gauche, j'observe la scène. On est dans un appartement coolos du Marais. Genre 40 m². Beau parquet. Que des pièces chinées en brocante, une petite table en Formica, un panier de la Poste, de vieux vinyles, une belle photo prise par son frère accrochée au mur à côté d'un por-

trait de Gainsbourg et d'une étagère avec les biographies de Jim Morrison et de Steve Jobs.

Face à moi, une vingtaine de trentenaires sont en train de danser. Ils en sont à la partie rock facile à chanter. « Aaaaa can't geeeeet noooooooo oh oh oh, sa-tis-fa-kchtionne. »

Me voyant perdu dans mes pensées, une fille s'assied à côté de moi. Ça fait toujours venir les filles de faire le mec perdu dans ses pensées. Tu peux pas te merder avec une vanne pourrie ou un blanc mal géré dans cette posture. Tu ne parles pas. T'es là mais t'es pas là.

Elle m'enchaîne sur deux, trois questions. Elle est jolie. Tout à fait ma came. Cheveux châtains, les yeux clairs, pas une bombe atomique, pas une fille sur qui tout le monde se retourne, juste la girl next door que j'adore.

— Et toi ? Tu fais quoi dans la vie ?

— Moi ? Je suis dans la com.

— Ah ouais ? Et tu fais quoi dans la com ?

— ...

— Tu fais quoi dans la com ?

— Hein ?

Putain ça y est. Je suis bloqué.

Prise de conscience.

À partir d'aujourd'hui, je ne suis plus rien.

Plus rien aux yeux des autres.

— (Dans ma tête :) Je suis chômeur. (À elle :) Je suis directeur de création.

— Ah mais c'est géniaaaal, trop cool comme boulot, non ?

— Ouais, trop cool. Vraiment trop cool.

4

colleusedegommettes

Un mois avant la fermeture de l'agence

— On va se prendre un verre au soleil ?

— Azy. (Traduction : « Vas-y ». Re-traduction : « OK, ça marche, on y va. » Mais « azy », c'est tellement plus rapide.)

— J'ai le scoot, on se balade et on verra où on s'arrête ?

— Azy.

Je prends Ted à Arts et Métiers, juste à côté de mes anciens bureaux.

— C'est trop chelou de passer à côté de son bureau un dimanche.

— Ouais, en même temps, ça veut dire que ton bureau est bien placé, parce que moi, si je passe à côté de mon bureau un dimanche, c'est que je vais chez Ikea.

— L'angoisse.

Quand j'ai emménagé dans mon appart, j'ai laissé une brosse à dents au rayon salle de bains d'Ikea tellement j'y allais. Vu les noms de leurs produits, les orthophonistes devraient te faire passer un test final chez Ikea pour voir si la rééducation a bien marché.

On est sur la Vespa de mon frère avec Ted, le ciel est bleu, et à Paris, ça change tout. À ce moment, trois mille huit cent quarante-deux Parisiens doivent dire comme moi :

— Putain, ça change tout quand il fait beau à Paris, c'est là que c'est la plus belle ville du monde.

— Grave... en plus c'est là qu'on peut enfin voir des ptits culs.

— Jte parle de la beauté de la ville et tu me parles de ptits culs.

— Bah désolé mais les ptits culs, ça fait partie de la beauté de la ville... Tu te souviens de Mexico ? Il faisait beau, mais vu le niveau des ptits culs, la ville était moche.

Ted adore évoquer des moments déjà vécus. Je sais pas ce que ça veut dire d'un point de vue psychologique, mais moi j'aime pas. Surtout quand on est avec du monde et qu'il me lance un :

— Ah ouais, tu te souviens pour l'enterrement de vie de garçon d'Azu, quand on était dans le quad, on balançait de la boue aux autres derrière grâce à nos dérapages et tout ?

Et après il se met à rire.

Moi ça m'énerve parce que je trouve ça super excluant pour le reste des gens qui nous accompagnent. Du coup il m'en veut parce que j'enchaîne jamais. Là, il continue ses souvenirs du Mexique, je fais mine de l'écouter puis je craque :

— Oui, super. On va au Charlot ?

Le Charlot, c'est un bistrot où il y a toujours une tonne de mannequins. Enfin bistrot... c'est un resto à la déco « bistrot », parce que le cheeseburger est quand même à 24 balles, et le verre de vin à 10. Chaque fois qu'on va là-bas, on mange bien, on boit bien, et quand vient l'addition, c'est toujours pareil :

— Putain mais ils ont encore augmenté les tarifs ou quoi ? C'est mort, on revient plus, à chaque fois on se fait ouvrir.

— Azy...

À deux tables de nous, mon regard s'arrête sur une petite brune aux cheveux infiniment longs, un air de Pocahontas, en pleine discussion avec un mec. J'ai des lunettes de soleil, du coup elle ne peut pas être sûre à cent pour cent que je la regarde. L'emmerde, c'est qu'elle a aussi des lunettes de soleil, du coup je ne peux pas être sûr à cent pour cent qu'elle me regarde. Mais j'ai la très forte impression qu'elle m'observe.

Ted me parle cette fois de nos souvenirs d'adolescence, comme d'hab je m'en fous, je le coupe :

— Ouais ouais, la surprise qu'on a faite à ton frère pour ses 20 ans... Hé dis-moi, la brune pas loin, elle me mate, non ?

— Je sais pas mais on dirait un trav'.

— Mais non, elle c'est effectivement un trav', je te parle de la brune près du mec.

— Ah jsais pas, attends deux secondes, tourne la tête et je check ça.

— ...

— OK, elle te mate.

— Mais t'es sûr ?

— Azy là, t'es relou, elle te mate jte dis.

— Mais c'est son mec à côté, c'est sûr...

— Je sais pas, mais si ma meuf mate un mec à côté de moi comme elle te mate, je me coupe le zboub.

Une heure de terrasse pour savoir si cette brune assise à deux tables de nous me regarde ou non.

— Va la voir !

— T'es fou toi, elle est avec son mec, je vais lui dire quoi ? Tu sais que je suis nul pour ça.

— Putain, tu te souviens la première fois où on est allés en boîte ?

Cette fois je l'écoute, parce que je connais par cœur cette histoire, et qu'elle va me mettre en confiance.

— On avait 16 ans, on déboule, on boit pas un verre d'alcool, et en deux minutes, deux meufs viennent danser avec nous.

— C'est fou quand même.

— Tu te souviens ?

— Grave.

— Sérieux, on était mignons mais bon... et là, sans nous parler, elles nous emballent... ce que c'était bon !

Merde, dix ans après, je suis même pas capable d'enlever mes lunettes de soleil pour montrer à Pocahontas que je la regarde.

Ça y est, elle se lève, elle se rapproche. Forte, la meuf. Elle se lève pour venir me voir après une longue séance de matage.

Ah non, elle va juste pisser.

Classe.

Merde, la « ptite » brune fait minimum ma taille, en fait.

Ouais bon, je fais 1,70 mètre, donc c'est pas non plus une girafe la meuf, mais avec ses talons elle me regarde de haut si je me lève.

Nos deux Coca payés 12 euros, je rentre chez moi avec Ted.

— J'aurais dû aller lui parler, je suis trop bête.

— Ah commence pas, c'est toujours pareil, à chaque fois je te chauffe quand t'as un contact avec une meuf, t'y vas pas, et après tu t'en veux.

— Non mais là c'était chaud, elle était avec un mec.

— Et alors ? Tu sais pas qui c'est le mec. Si ça se trouve c'est son meilleur ami gay.

— Ouais, mais toi t'es maqué, alors forcément t'es chaud de la teub, et tu te dis que si t'étais célibataire tu ferais un carnage.

La nuit tombe, je rends la Vespa à mon frère Ilann et je me connecte à Facebook.

On est dimanche soir.

C'est le bad du dimanche soir.

Quand t'as une meuf, le dimanche soir, c'est soirée coolos. Plateau télé, dodo devant une fin de film acheté en VOD pour se remettre de la fête de la veille et attaquer la semaine tranquillement. Alors que là, je zone sur Facebook, y a rien à la télé, je vais dormir, je n'arrive pas à dormir, je zone sur Facebook, y a rien à la télé, je vais me coucher, je n'arrive pas à dormir, je zone sur Facebook.

Même les plans cul t'as pas envie de les appeler ni de les voir.

Le dimanche soir, c'est pas un soir à plan cul.

Le dimanche soir, c'est trop personnel.

C'est un soir de remise en question.

Après douze connexions-déconnexions Facebook, une fille poste un nouveau statut. Ça apparaît dans mon fil d'actualité. C'est elle.

Alleeeeez là, c'est elle.

ANOUK.

Je savais bien que je la connaissais ! Comment j'ai fait pour ne pas m'en rendre compte ? C'est une pote de pote de John. La petite meuf que t'ajoutes en te disant qu'un jour ou l'autre tu te mettras peut-être dessus. Ah ouais, mais du coup elle ne me matait que pour savoir si j'étais bien celui qu'elle pensait que j'étais.

C'est bizarre, j'ai beau chercher, elle ne fait partie d'aucune de mes listes.

J'ai deux listes de meufs sur Facebook.

Vu le nombre de filles mignonnes que j'ai dans mes contacts, j'ai été obligé de m'organiser.

Chaque fois que j'ajoute une fille, si elle est mignonne, elle se retrouve dans la liste « to do ».

Basique.

Ça me permet de n'oublier personne.

Puis je sors la même déballe qui fonctionne.

Des copier-coller de déballe en fait.

Ensuite, elle se retrouve dans la liste « OK », qui veut dire « c'est bon, c'est fait ».

Et je ne donne pas suite.

Depuis Lou, mon esprit ne veut plus s'engager. Et avant Lou, Julie m'avait fait le même coup.

« Tu t'es vu quand t'as bu ? » disait la pub de prévention contre l'alcool dans les 90's.

Moi c'est : « Tu t'es vu quand t'es cocu ? »

Bah ouais je me vois bien, ouais.

Je prends ce qu'il y a, aucune attache, tu me plais, je te plais, viens chez moi.

« Oui oui, vraiment désolé, je n'ai pas répondu à ton texto, j'avais pas le temps, on essaie de se capter la semaine prochaine. »

Bam. Direction liste « OK ».

Je fais payer à toutes les nouvelles conquêtes ce que j'ai pris dans la gueule il y a deux ans.

Il n'y en a aucune qui vaille la peine.

Et quand j'ai un coup de mou, je regarde ma liste « OK » sur le chat Facebook, ça me redonne le sourire.

Mais Pocahontas, je ne l'ai vue dans aucune de mes listes.

Sûrement une absence au moment de l'ajout.

Vingt fois je me serais mis sur elle sinon.

Il y a quand même pas mal de personnes dans mon Facebook que je n'ai jamais vues dans la vraie vie. Ou que j'ai croisées de loin. Et puis il y a des gens qui m'ont exposé leur vie, leur mariage, leurs gosses tout moches, mais dont je ne suis pas assez proche pour leur dire bonjour si je les croise dans la vraie vie.

Petit check de ses photos Facebook.

Putain elle est pas mal.

Ah mais ouaaaaaaaaaaais, OK.

Je l'avais croisée à l'anniversaire de John. Elle était arrivée tôt, et s'était barrée tôt. Pas un sourire dans la soirée.

Maintenant que je la remets, je sais. C'était la pisseuse de 20 ans qui te montre qu'elle se fout de tout. Qu'elle est là, qu'elle te voit, mais que tu ne l'intéresses pas.

Sauf que je connais ce genre de meuf.

Je l'ai grillée en deux minutes.

« Meuf, tu dois être étudiante dans une école de merde, je suis directeur de créa, tu te demandes qui je suis, tu me trouves mignon, t'es heureuse que je t'ajoute sur Facebook, t'en parles à tes copines. »

Comment j'ai fait pour ne pas la mettre dans la « to do ».

Un an après, l'occasion est somptueuse.

Je suis en position de force.

Je l'ai ajoutée, mais je ne lui ai jamais parlé.

Et pour une fille comme elle, c'est sûr que ça pose problème.

« Mais comment le mec m'ajoute et il ne me parle pas pendant un an ? Mais je comprends pas, j'ai quatorze mecs qui me parlent en même temps sur le chat tous les jours, pas lui ? »

Une fille mignonne, faut toujours lui montrer que tu t'en bats les couilles d'elle pour qu'elle se mette à faire attention à toi. Sinon, t'es juste un chien de plus dans la meute.

C'est parti pour l'attaque Facebook. Avoir le maximum d'informations en très peu de temps. Faut pas s'éterniser dans ce genre de situation. Montrer de l'intérêt, mais vite prétendre que l'on fait quelque chose pour créer un manque de suite, montrer que l'on s'en fout, ne pas se faire griller quoi.

— Ah mais c'est donc ça ! C'est toi qui étais en face de moi avec ton mec au Charlot aujourd'hui ! Ton visage me disait quelque chose. (Traduction : C'était ton mec ou un pote ? Si je te matais, c'est juste parce que tu me disais quelque chose, alors que toi tu me matais.)

— C'était moi.

— Je t'ai vue à Disney aussi, sur le char Pocahontas, non ?

Qu'est-ce que je suis nul en drague.

— Aha, merci, jtai reconnu justement grâce à tes cheveux aussi.

— Ouais ouais... (Traduction : Me prends pas pour un con, tu me matais, c'est tout.) C'était tellement spé ! Je me disais : mais d'où je la connais, cette fille ? Elle me regarde alors qu'elle est avec son mec, je comprends pas. Alors que finalement, merde, c'est Anouk putain, pas du tout une meuf qui a eu un coup de cœur, hahahahaha. (Traduction : MAIS C'EST TON MEC OU PAS ?!!!!)

— Mais moi aussi j'étais pas du tout sûre que c'était toi, alors je te fixais comme une ouf haha. (Traduction : OK, c'est ton mec, mais tu ne veux pas lâcher l'info, et tu veux me faire croire que si tu me matais autant, c'était juste pour savoir si j'étais bien le mec que tu avais rencontré une fois. C'est dans la poche, quoi.)

— Et tu t'es dit : « Il me regarde alors qu'il est avec son mec, je comprends pas. »

Fais gaffe Nat, tu deviens un peu lourd là, voire très lourd à vouloir qu'elle lâche l'info, c'est pas grave si elle ne valide pas, ça veut dire la même chose de le cacher.

— Drôlement improbable, quand même.

— Ah t'es très forte de m'avoir reconnu aussi ! Haha. (Faut que j'arrête d'écrire « haha » tous les quatre mots sur le chat. Ça sent pas le mec en confiance.) Je me souviens toujours des jolis visages, et puis t'as posté un truc le soir même, donc t'es apparue dans mes news feed.

Fini, pas de réponse, elle s'est déconnectée.

Je suis NUUUUUUL, bordel. Pourtant je sais bien qu'il faut toujours partir en premier ! Là je suis comme un con, accroché à une attente de réponse. Attends, je relis la conversation, ouais, OK, mouais, si, ça va quand même... Mouais, bon, j'ai pas été terrible. Et puis elle est nulle ma phrase des « jolis visages ». Le dragueur à deux balles. Deux balles d'euros, hein.

Pas grave, laisser filer deux jours. Revenir en détente.

— En fait, c'est Pocahontas ou Kim Kardashian, je sais pas trop.

— Hahahahahaha, pas mal.

— C'est exactement ça ! Je t'ai matée assez longtemps pour m'en souvenir !

Savoir un peu lâcher prise pour lui montrer un début d'intérêt.

— Le pervers mateur en terrasse avec son Coca Zero.

— Voilà, c'est moi, et toi la meuf maquée libertine qui mate en terrasse.

— Je mate pas, j'analyse... et c'est pas « mon mec ».

— Ah bah voilà, donne les bonnes infos ! Une semaine pour que tu me dises que ce n'est pas ton mec !

Les guillemets veulent tout dire. C'est juste son plan cul. Bizarre d'aller boire un verre avec son plan cul. Moi je ne prends pas de verres avec mes plans cul.

T'as compris maintenant : tu m'intéresses, t'es drôle et tu sais que je sais que je t'intéresse, donc maintenant on va jouer, on va rigoler, mais je vais pas me faire avoir par une rencontre virtuelle trop longue.

C'est le problème sur le Net. Quand tu te mets à parler avec une fille, que ça prend bien, que tu t'amuses, que ça se chauffe un peu, le vrai risque, c'est de ne jamais passer à l'action. Que ça devienne une habitude de se parler deux heures par jour, et qu'il ne se passe finalement rien.

Mais avec elle, je ne vais pas me merder, faut que je la voie vite, qu'on prenne un verre.

Petite glissade de son profil vers la liste « to do ».

Fais gaffe Nat, une meuf qui te mate alors qu'elle est avec son mec, c'est pas normal, c'est pas bon signe. Si elle le fait avec un, c'est qu'elle pourra le faire avec toi.

Ouais mais en vrai, moi on me fait pas ça.

Pas possible.

Lui, c'est une merde, c'est pour ça.

Elle habite à deux minutes à pied de l'agence, c'est un coup de chance, c'est beau. Tous les matins et tous les soirs, elle passe devant mes bureaux. Le seul problème, c'est qu'elle y passe à 9 h 30 (j'y suis une heure après), puis à 20 heures (je suis déjà parti depuis une heure trente). Ce que je lui fais remarquer, pour lui montrer que ouais, je suis créa, mon boulot est cool.

Anouk, c'est une meufduluxe. Elle bosse chez L'Oréal. Elle vient de rentrer en stage pour six mois et quand elle me raconte ses aventures, j'ai l'impression qu'elle vit dans *Le Diable s'habille en Prada*. Y a la boss qui demande un verre d'eau rempli à moitié et qui gueule quand l'eau est un peu trop froide, ou quand le Coca n'est pas servi dans le gobelet. La boss de 40 ans qui n'a pas de mec et qui le fait payer à ses stagiaires.

« Ce soir c'est nocturne les filles, hein ? Comment ça les heures sup ? Ça va là, vous n'êtes pas des fonctionnaires, quand même ! »

Désolé pour toi et ta vie de merde.

Anouk passe pour le moment le plus clair de son temps au bureau à coller des gommettes sur les articles qui parlent de sa boîte.

C'est possible de mal coller des gommettes ?

De se faire engueuler pour ça ?

OUI.

— Anouk, dans mon bureau avec Cécile tout de suite !

— Pardon, mais je m'appelle Céline. (Et ça fait six mois que je bosse pour toi à moins de 300 euros par mois aussi.)

— Hein ? Oui, Cécile, Céline, ça va là, on n'est pas dans une cour d'école. OK, c'est pas bon du tout, là.

Panique chez Anouk et CécileouCélineonsenfout cestpareil.

— Cécile, quand tu soulignes le nom de la marque sur le journal, ton trait est trop proche des lettres. C'est inadmissible, je comprends pas, c'est pourtant pas compliqué.

Parle-moi comme ça et jte défonce sur place. Je te sors une punchline qui fait que plus jamais tu me parles sur ce ton, surtout pour un surlignage un peu trop proche des lettres à ton goût.

Anouk ne doit pas avoir l'habitude des mecs qui charrient sa condition. Pour les gens de son âge, elle « a trop le staage de rêêêêêêêêêvvvve quoi ».

Moi L'Oréal, je m'en tape. Elle est comme toutes les petites meufs qui étaient au premier rang de l'amphi à Dauphine et voulaient faire du « marketing du luxe ». Sauf que L'Oréal, c'est pas du luxe. C'est pas le VRAI luxe. C'est des produits de merde vendus chez Franprix par des mecs qui veulent te FAIRE CROIRE que c'est du luxe.

Anouk a un double visage bizarre. Très détente sur certains points, puis d'un coup, c'est la princesse qui déboule en pleine face.

La première fois que l'on se voit, je lui donne rendez-vous dans un café à côté du bureau. Ça lui change rien, c'est sur son chemin, elle ne peut que me dire oui. Elle arrive avec trente-trois minutes de retard.

Je patiente à l'agence.

Elle arrive plus énervée que moi.

Mon oncle Jocelyn, quand il m'apprenait à jouer aux échecs à 9 ans, me répétait toujours : «La meilleure défense, c'est l'attaque.» Pour les meufsduluxe, ça doit être ça la technique.

— Je suis en retard ? Oui bah ça va, tu vas pas commencer.

C'est tellement déstabilisant de se faire gueuler dessus pour une situation où tu es dans ton bon droit pour quatre-vingt-dix-neuf pour cent des gens, que tu penses avoir fait une erreur.

— (Dans ma tête :) Attends, c'est une blague, là ? T'arrives avec trente-trois minutes de retard, et en plus tu me gueules dessus ? Mais casse oit' pauvre meuf.

— (Ce que je dis à mon pote Stef qui est le mec le plus en retard du monde :) Hé, tu vas te détendre, t'arrives avec une demi-heure de retard et en plus tu me casses les couilles ? Excuse-toi déjà, et après je te parle. T'es malade, toi.

— (Ce que je dis à Anouk :) Ouais non, t'inquiète, je finissais un truc à l'agence de toute façon.

Ah merde, pas bon ça. Pas bon du tout. D'où tu réponds comme ça, Nat ?

On est au mois de juin, il fait beau, elle a une robe marinière. C'est frais, élégant, estival. Moi je suis en short en jean et T-shirt (pour lui faire comprendre que ça va, je n'ai pas besoin de me mettre sur mon trente et un pour la voir).

Elle est dans la vanne tendue. La vanne qui met mal à l'aise. Celle où tu te demandes si elle ne te respecte pas du tout, ou si c'est juste de l'humour.

J'ai 26 ans. Elle en a 22.

Je suis directeur de création et j'ai cinq personnes sous ma responsabilité.

Son adresse mail, c'est stagiairemarketing12@loreal.com et elle colle des gommettes sur des journaux.

J'ai toutes les cartes en main pour gérer la situation.

5

unsurtroismillions

Les chiffres viennent de tomber, on est trois millions de chômeurs.

Chaud.

À la rigueur, la situation peut être cool, prendre le temps de vivre, tout ça, mais le mot « chômeur » n'est pas cool du tout.

Le mot est moche, quoi.

Ça fait peur aux gens. Tu passes pour un loser à chaque fois qu'on te demande ce que tu fais dans la vie.

Le mot « chômeur » ne correspond pas à ce que je suis. Ni à ce que sont mes potes.

Mes amis chômeurs sont d'anciens DA (directeurs artistiques) de prod de musique, créa en agence de com, directeurs de prod dans la TV, ils sont « actuellement au chômage », mais pas « vraiment vraiment » puisqu'ils sont tous plus ou moins en train de créer leur projet perso.

Et pour monter leur plan, ils ont besoin de temps mais surtout, surtout, de café *et* d'apéro.

Pour les trouver, cherchez les mecs qui tapent de temps en temps sur les touches de leur Mac en terrasse de LaPerle/LeProgrès/LeFloréal/ChezPrune entre 9 h 30 et 14 heures s'ils ont des enfants (pause post-dépose de gosses à l'école), et entre 15 heures et 19 heures pour les célibataires ou mecs casés sans gosse (pause post-réveil tardif).

Les projets de mes potes sont toujours des trucs cool dont ils ne peuvent pas vraiment te parler (« Je t'en parlerai quand ça aura un peu avancé »), qui ne progressent pas beaucoup de mois en mois (« Ouais, ouais, ça avance pas mal là, mais je t'en parlerai quand ça sera prêt ») et qui finalement ne verront jamais le jour. Au bout d'un moment, t'en oublies même de demander où en est le projet.

Mes potes ont toujours un ou deux projets artistiques sous le coude, pour se donner une crédibilité sociale... et pour ne pas être trop en galère quand ils arrivent en soirée.

— En ce moment ? Je bosse sur un projet TV avec un pote, et normalement je récupère un lieu au début de l'été pour organiser des teufs le dimanche après-midi au soleil, un truc coolos... Mais bon, ça c'est pour occuper mon temps libre, parce que j'ai mon vrai gros projet là, le truc dont je t'avais parlé, mais je t'en parlerai plus quand ça aura bien avancé hein.

Ceux qui travaillent pensent souvent : « Putain, frais le mec, il gère trop bien son chômage, il assume et tout, il doit avoir des journées bien remplies. » Les gens au chômage, eux, connaissent la vérité, ma vérité... (= addiction Facebook + addiction Ricard +

addiction rafraîchissement de boîte mail + addiction texto « tu fous quoi aujourd'hui ? »).

Il y a trois mois j'étais un simple bobo.

Un mec qui chine sa table de chevet 350 euros à la brocante de la rue de Bretagne.

Un mec qui achète ses caleçons chez H&M mais qui n'a que des chemises Mads Nørgarrd, des jeans Nudie et des chinos Closed.

Il y a trois mois, j'en mettais plein la vue à tout mon monde à coup d'opé de com originales.

Je suis devenu chômeur, mais pas un chômeur comme les autres. Non.

Finalement, je suis un chômeur bobo.

Ou un bobo chômeur.

Au choix.

En à peine deux mois de cafés pris à 15 heures en semaine Chez Prune sur le quai de Jemmapes, d'apéros qui commencent à 17 heures au Mansart, je me suis rendu compte que je n'étais pas le seul dans mon cas. Des mecs comme moi, il y en a des centaines et je les croise tous les jours. Ils sont âgés de 27 à 38 ans, vont dans les mêmes lieux que moi, ont la même barbe de trois jours que moi, la même chemise en jean que moi, les mêmes Nike Blazer aux pieds que moi, et les mêmes projets foireux que moi.

C'est carrément une nouvelle tribu.

Une tribu de bobos chômeurs qui touche un bon chômage à la fin de chaque mois.

Une tribu qui bosse en free-lance de temps en temps.

Une tribu qui essaie de faire illusion auprès de ses amis en démontrant par A + B que sa situation est géniale... mais qui au fond connaît la vérité.

Une tribu qui écrit encore « directeur de création » dans les formulaires administratifs parce que écrire « sans emploi » fait trop mal à l'ego.

Une tribu détestée dans tous les meetings politiques : bobos et assistés, il n'y avait pas meilleure cible que nous.

Cette nouvelle tribu, ce sont des mecs comme moi.

Moi. Moi. Moi. Toujours tourné vers soi.

Des chômeurs bobos.

Des bobos chômeurs.

En fait, faudrait inventer un nouveau mot pour ces mecs : les bomeurs.

6

lemeilleuramidelhomme

L'agence a fermé fin juin. Pour le moment, j'ai le rythme d'un mec qui a des congés un peu plus longs que les autres. Je ne suis donc pas encore un vrai chômeur. Pour le moment, je suis juste le mec le plus disponible de Paname.

« Le chien est le meilleur ami de l'homme. » Faux.

Le chômeur est le meilleur ami de l'homme. On sait qu'on peut toujours compter sur lui. La preuve avec les textos que je reçois.

Lundi 23 h 58 : kestuf ?

Sous-entend : « Yo, je me fais un peu chier là, j'ai pas trop de taf pour demain, je serais bien allé boire un verre... sauf qu'on est lundi. Du coup, je me dis qu'il n'y a que toi qui peux te chauffer pour aller boire un verre puisque tu bosses pas demain. »

Mardi 10 h 42 : kestuf ? (envoyé par un autre ami au chômage qui cherche déjà un compagnon de sortie)

Lorsque je bossais, j'aurais répondu : « J'arrive à l'agence, là. » Mais maintenant, à 10 h 42, je ne réponds pas. À 10 h 42, j'essaie juste de sortir du lit depuis vingt-deux minutes (je mets mon réveil à 10 h 20, histoire de ne pas me sentir trop coupable).

Jeudi 12 h 54 : kestuf ?

En étant au chômage, je deviens un super pote de pause déj. Surtout quand il fait beau. Je fais donc régulièrement partie du texto groupé envoyé en dernière minute par mes amis qui travaillent et qui n'ont pas du tout envie de se faire une terrasse avec leurs collègues en chemisettes et cravates Donald. Mes potes connaissent l'avantage de déjeuner avec moi. Puisque je suis en terrasse à partir de 11 h 32, ils savent très bien qu'ils n'auront pas besoin d'attendre pour trouver une place au soleil.

Pôle emploi devrait financer mes tickets resto, bah ouais, c'est comme ça que j'entretiens mon réseau.

Le chien, on lui envoie la balle quand on le décide ; si on n'a pas envie de jouer avec lui, on ne joue pas. En revanche, quand on décide d'envoyer la balle au chien, il est toujours chaud pour jouer. Il va courir comme un fou pour aller chercher sa balle, vous montrer qu'il est à donf et qu'il pourrait jouer des heures avec vous.

Mais on décide également de la fin de la partie, même si le chien continue à courir, sauter, tourner autour de vous : « Ça y est, c'est bon Chookie, j'en ai marre là, vas-y, stop là, laisse-moi tranquille. Rhoooo, il est chiant ce chien, putain. »

Mardi 1 h 43

— Azyyyyyyyyyyyy, un dernier veeeeeeeeerre là putaaaaaaaaaain, je suis chauuuuuuuuud ; azyyy azyyyy, c'est pour moi, hé, tu sais quoiii, c'est pour moiiiiii, mais jte dis putaaaaaaain, hé, vas-y, hé reste putain, tu m'as chauffé pour sortir un lundi soir et là tu te barres, t'es relou.

— Ouais mais je bosse moi demain, faut que je rentre, là.

CQFD.

7

calviontherocks

Mardi 26 juin 2012, 2 h 04, Le Baron

— On part à Calvi là, pour Calvi on the rocks. C'est énorme comme festival. Y a pas grand monde, mais y a des gros dj qui mixent sur la plage toute la journée, et le soir, des groupes de ouf à côté de la citadelle, face à la mer, c'est fou.

— Ah ouais Noémie, Calvi, ça fait trop longtemps qu'on veut le faire.

— Ça me dit quelque chose Calvi, en tout cas, c'est magnifique la Corse.

— Bah venez, les mecs ! On a loué un appart, c'est un deux pièces minus, mais y a un clic-clac dans le salon.

— Si on vient, c'est avec Nat, du coup à trois sur le clic-clac...

— On dort par terre comme des chiens frères, qu'est-ce qu'on s'emballe les couilles ?

Ouais, pour Stef, on s'emballe les couilles ou on s'emballe pas les couilles.

Mardi 26 juin 2012, 2 h 10, Madrid

Texto de Will : « Nat, on vient de croiser Noémie, elle nous propose d'aller à Calvi on the rocks, t'es chaud ? Elle loue un deux pièces avec une pote à elle, et y a qu'un clic-clac pour Stef, toi et moi... mais Stef dit qu'il dormira par terre. »

Mon texto : « Ah vous êtes chauds ! Vas-y, je suis là. Et Stef, il dort par terre direct, balek. »

Stef ne connaît ni Noémie ni sa pote.

Will et moi, on connaît Noémie, mais c'est juste une pote de soirée.

Je n'ai jamais déjeuné avec elle, je ne l'ai jamais appelée pour prendre un verre.

Et elle nous propose de venir avec elle.

J'aime quand les relations sont simples comme ça.

Et puis le plan qu'elle nous propose est magnifique.

Je n'ai plus à demander à mes boss si je peux prendre des jours puisque je n'ai plus de boss.

Je n'ai pas encore eu de rendez-vous avec Pôle emploi.

J'ai encore de l'argent sur mon compte. Assez d'argent pour ne pas me prendre la tête sur le coût d'un billet d'avion pour la Corse.

Quand on quitte Paris, il pleut.

Quand on arrive à Calvi, il fait 30 degrés.

Tous les gens sont lookés et ont le sourire.

Les filles sont belles.

Tout est toujours plus beau quand c'est de l'imprévu.

L'appart est effectivement petit. Il est un peu loin du centre. On ne connaît pas bien les deux filles avec qui on est. Pour entrer dans l'appartement, il faut passer par la chambre. Puis on passe par la kitchenette, et on arrive dans le salon. Au bout du salon, une terrasse.

On sait déjà qu'on n'utilisera jamais la kitchenette et qu'on passera peu de temps dans l'appart. Juste pour dormir quatre heures avant d'attaquer la fête à nouveau.

La seule emmerde, c'est qu'en partant à la dernière minute, on n'a pas réussi à obtenir de pass pour le festival. Tout était sold out.

J'ai contacté mon réseau de branchouilles parisiens pour obtenir des places.

Personne n'a réussi à m'en trouver.

Il y a un mois, j'aurais pu envoyer un mail depuis ma boîte pro pour demander à ce qu'on me mette sur la liste. Directeur de création en signature de mail, ça serait peut-être passé. Maintenant que je suis toujours en terrasse, la signature « envoyé depuis mon iPhone » sur mon compte Gmail, ça laisse présager que je suis juste un gratteur de places gratos.

Il va falloir la jouer fine tous les soirs pour réussir à s'incruster.

Je suis en pleine confiance. Ça devrait bien se passer.

Les autres comptent sur moi pour qu'on obtienne nos entrées.

Le premier soir, on arrive sûrs de nous à l'entrée du festival. Je suis devant les autres, je marche de manière déterminée, ça va le faire. Rien ne peut m'arriver. C'est un festival de Parisiens délocalisé à Calvi. Bah, je vais la jouer à la parisienne.

— Bonsoir, il nous faut cinq pass.

— Ah désolé, y en a plus pour ce soir.

— Même si on est journalistes ?

— Ah vous êtes journalistes ?

— Ouais, pour *Brain* et *Flavor*.

C'est parfait de sortir ce genre de magazines parce qu'ils sont connus du milieu parisien mais restent à taille humaine et bourrés de pigistes. Et les cinq pigistes aujourd'hui, c'est nous.

— Attendez deux minutes alors, la responsable presse arrive.

— Ça marche, on se décale, on fume une clope, dis-lui de venir nous voir.

Le « dis-lui de venir nous voir », c'est le petit coup de pression en plus qui valide tout notre mytho.

Je fais souvent ça aux physios à l'entrée des boîtes. Je l'ai appris de John.

On était devant le Rex, il y avait deux cents personnes qui faisaient la queue, qui étaient sur la liste, alors que nous, on était sur rien du tout.

Le mec de l'entrée ne laissait plus entrer.

J'étais à un mètre du physio, je lui parlais, mais il tournait la tête. Enculé.

Puis j'ai vu John faire dix mètres en arrière. Vraiment dix mètres.

De loin, il a croisé le regard du physio, lui a juste fait un signe de la main pour lui signifier qu'on était trois en finissant sa clope et son coup de fil.

Il n'avait jamais vu le physio avant ce moment-là.

En cinq secondes, on s'est retrouvés à lui faire la bise. Il nous accueillait avec un grand sourire.

C'est comme ça que ça marche.

J'ai un peu adapté sa technique.

Dès que j'arrive à l'entrée d'un club, je me dirige directement vers le physio, je lui tape sur l'épaule et je lui tends la main droite.

Ça se fait tellement vite et naturellement que le mec est obligé de me serrer la main.

J'enchaîne tout ça en balançant un : « Tu vas bien ? »

Le mec ne sait pas qui je suis, mais il se dit forcément : « Ce mec-là, ça doit être quelqu'un que je connais bien pour qu'il soit détente comme ça... » Quel que soit le physio en face de moi, il me répond avec un grand sourire et un : « Bien et toi ? Vous êtes combien ce soir ? »

Il m'est déjà arrivé de répondre « On est neuf ».

Neuf à l'entrée d'une boîte, ça ne passe jamais. Sauf quand tu fais le coup du serrage de main.

Le physio : « OK, laisse-moi cinq minutes. »

C'est la dernière étape la plus importante. Ne pas se laisser endormir. Pour continuer à faire croire que je suis quelqu'un à ses yeux, faut enchaîner. Moins d'une minute après, toujours retaper sur l'épaule du physio avec un : « Par contre, traîne pas trop steuplaît, je dois rejoindre les autres à l'intérieur. »

Calvi, c'est Paris pendant une semaine. Mes potes hallucinent. On y est. On va obtenir nos pass. Une fille s'approche de moi.

— Vous êtes les potes d'Anne-Sarah ?

— Ouais, elle a pas pu venir la pauvre...

— Elle m'avait prévenue que ça allait être compliqué. Bref, vous êtes cinq, c'est ça ? Tenez.

On prend les pass et on s'éloigne.

— Mais c'est qui Anne-Sarah ?

— Je sais pas, frère.

— Même moi j'ai cru que tu la connaissais !

— Putain Nat, tu peux niquer la reine d'Angleterre ce soir tellement t'es bon.

Le lendemain, la chasse aux pass recommence.

Quand je vois passer Breakbot devant nous sur la plage, il devient ma nouvelle cible. En le regardant, je vois cinq pass qui marchent devant moi en maillot de bain et T-shirt en train de boire un mojito à 16 heures.

Breakbot, c'est le producteur de son du moment. Sa chanson passe en boucle depuis le début de l'été. Entre Noémie en maillot de bain et moi et ma barbe mal taillée, on a vite trouvé le meilleur négociateur. Elle s'exécute. Le charme en deux minutes.

— On adore ce que tu fais, mais avec mes copines on n'a pas de pass pour ce soir...

— Ah, je vais vous mettre sur la liste, y a pas de problème.

— On essaie de se capter à l'after ?

Elle est jolie Noémie. Un corps parfait. Avec l'impression que la fille ne fait jamais de sport alors qu'elle doit se taper des séances d'abdos matin, midi et soir. Il ne peut pas refuser. C'est elle qu'on devrait envoyer quand il y a des prises d'otages.

Le soir, la fille de l'entrée ne comprend plus rien. On est journalistes, potes de Breakbot. Elle nous tend les cinq pass sans un mot. Ça y est, elle a compris qu'on s'est bien foutu de sa gueule. Deux fois de suite.

Quand t'as pas peur, tout passe. Quand tu commences à fléchir, tu te fais enchaîner.

Pour le moment, tout passe... pour le moment, tout passe... pour le moment...

8

lamauvaiseéducation

Mardi 3 août 2006, 93260 Les Lilas

Je viens de finir mon année de maîtrise à Dauphine. Tout le second semestre, j'étais assistant de production sur « La Méthode Cauet » en plus de mes cours à la fac. C'est Ilann qui m'a placé là. Et tous les dimanches soir, j'ai animé une émission de radio en direct de minuit à 2 heures.

Davy m'annonce seulement maintenant que notre père flippait pour moi. Avec le rythme que j'avais, il ne comprenait pas comment je pourrais avoir mon année. Je l'ai eue. Et je n'ai pas eu un bravo. Trop dur à dire, bravo.

Cet été, on se fait un tour d'Europe avec mes potes.

Paris-Amsterdam
Amsterdam-Berlin
Berlin-Prague
Prague-Budapest
Budapest-Rome

Rome-Barcelone
Barcelone-Madrid
Madrid-Paris

C'est Gordon qui s'est occupé des billets. On fait un peu de train, un peu d'avion. Je ne sais pas comment il s'est démerdé mais apparemment ça nous coûte que 243 euros pour tous ces trajets. C'est propre. Si je m'étais chargé de l'organisation, on serait partis à la dernière minute, à l'arrache, on n'aurait fait que deux villes et ça nous aurait coûté le triple.

J'ai décidé de faire une pause dans mes études pour effectuer ce que l'on appelle une année de césure. Je ne sais pas vraiment où je vais la faire. Je ne sais pas vraiment ce que je veux faire de ma vie en fait. J'ai 20 ans. Moi je veux juste rigoler avec mes potes, sortir, draguer. Pas beaucoup plus d'ambition que ça pour le moment. Quelles questions tu veux que je me pose à 20 ans ? C'est quand tu vieillis que tu te poses des questions, pas quand t'as mon âge.

Je fais des études qui me permettent de toucher un peu à tout. La filière éco-gestion. Le plus large que j'ai trouvé à 18 ans. Toujours mon problème de choix. Je galère encore pour faire un choix entre pâtes aux truffes ou pâtes à la vongole, donc c'est pas à 18 ans que j'allais décider de faire des études « impliquantes » comme médecine ou droit. J'ai fait des études qui te mènent tu ne sais où au moment où tu les commences.

Sur un an de maîtrise, une chose m'a marqué. Des études de cas de street marketing présentées par deux étudiants. En 2006, c'est moderne. Une nouvelle façon de communiquer, des évènements dans la rue, des publicités différentes, quoi.

Ça m'a marqué parce que j'ai trouvé ça drôle en fait.

Quand j'étais enfant, je regardais les pubs du début à la fin. Ça rendait fou tout le monde à la maison. Les marques dépensent des millions d'euros pour placer leur pub après la météo sur TF1. Mais leurs pubs sont nulles. Je le sais, je les connais toutes par cœur. Avec Ilann on avait un jeu, on regardait les coupures pub et celui qui devinait le nom de la marque en premier gagnait un point. On avait une règle : dès que le produit arrivait à l'écran, personne ne pouvait gagner le point.

Dans ces pubs, personne ne prend de risque. Le mec qui investit 10 millions en achat d'espace pour voir sa publicité après la météo, il ne veut pas prendre le risque d'être trop décalé. Il veut déplaire à un minimum de monde.

Moi je veux plaire à un maximum de monde.

Et quand je vois ces deux mecs faire leur exposé, je me rends compte que les marques sont obligées d'être décalées à partir du moment où elles veulent faire du street marketing. Elles n'y connaissent rien, et je me laisse emporter en croyant qu'elles font confiance aux créatifs qui leur pondent des idées.

Du coup, deux jours avant d'attaquer mon tour d'Europe, je me décide enfin à envoyer mon CV à quelques boîtes. Je tente un envoi chez Nike et dans quelques agences de communication parisiennes. Puis je fais une requête Google : « Street marketing

Paris ». Première réponse : « Agence Nouveau Jour ». J'envoie mon CV, on ne sait jamais.

Il a de la gueule pour un gamin de 22 ans. Maîtrise Dauphine, assistant de production sur « La Méthode Cauet », animateur radio, organisateur d'évènements caritatifs pour les enfants de l'hôpital Robert-Debré... Enfin l'évènement caritatif, c'est Gordon qui l'a organisé, mais j'y suis allé, donc bon, je dis que c'est moi qui ai monté l'affaire.

C'est une tannée de faire son sac. À chaque fois c'est le même bordel : « Ouais, je vais prendre quatre T-shirts, deux shorts et un jean, une paire de baskets, ça va quoi. »

Mon cul, ouais. Mon sac va peser trois cent quarante-huit kilos pendant trois semaines.

Nos deux premiers jours à Amsterdam se déroulent sous la pluie. Au début, c'est drôle, t'es trempé avec tes potes, t'achètes des ponchos en plastique à 5 balles, tu fais du vélo sous la pluie. Puis à Berlin, la pluie. Puis à Prague, la pluie. Quand on regardait la météo sur Internet, on avait l'impression qu'on suivait le chemin exact de l'énorme dépression qui tournait sur l'Europe.

Ça tape sur le moral d'avoir de la pluie tous les jours en vacances. Peu à peu les têtes se baissent, on en a marre d'aller passer des après-midi dans des cafés. On ne s'est pas posés une seule fois dans un parc. Même bordel à Barcelone. Soirée horrible avec déchaînement de pluie et rues inondées. On est black, putain.

On est tellement pas au courant de ce qui se passe ailleurs à l'époque que dans le train de nuit qui relie Prague à Budapest, on rencontre deux Norvégiennes qui nous demandent si l'on se rend à Budapest pour le Zsiget Festival. Personne ne comprend la question.

— Oh les gars, c'est le plus grand festival d'Europe, sur une ancienne base militaire désaffectée. C'est énorme, c'est génial, ça ouvre demain. Vous n'êtes pas au courant ?

Enfin la meuf parle en anglais, donc ça donne un truc genre : « *OH – MY – GOD ! You don't know the biggest festival in Europe ? It's on an old...* jsais pas quoi.

— Vas-y toi, parle lentement, là, je comprends rien.

Moi à l'époque, je ne connais rien à la nuit parisienne. Je suis un banlieusard. Nos délires avec mes potes, c'est d'aller fumer la chicha le samedi soir. De se mater un film. De la merde, quoi.

Dans la queue du festival, mon téléphone se met à vibrer. Je ne connais pas ce numéro. Je m'écarte pour éviter que l'on entende le bordel qui se trouve à mes côtés.

— Oui allô ?

— Bonjour, Nathanaël ?

— Oui.

— Ici Stéphanie, société Night France. Nous avons bien reçu votre CV, votre profil nous intéresse. Nous aimerions vous rencontrer.

— Oui, alors là je suis à l'étranger, je rentre le 22 août, vous pouvez me rappeler à ce moment-là, s'il vous plaît ?

— Ah d'accord, bon on vous tiendra au courant, alors.

Je retourne dans la file d'attente du festival. Il fait chaud. On est en short. Ted est déjà en train de mimer une fellation rapide à John.

— Alors, c'était qui ?

— Night France, connais pas.

— Quoi ? NIKE France ! Putain, mais c'est génial.

Ah voilà, je me disais bien que je n'avais pas envoyé de CV à Night France.

— Et t'as chopé un rendez-vous ?

— Bah, je leur ai dit de me rappeler quand je rentrais.

— Ouais bon bah c'est mort, quoi.

Ah d'accord, c'est comme ça que ça se passe. J'ai merdé, là.

— Ah ouais, ça fait prétentieux, genre ?

De retour à Paris, pas un appel. Rien. Impossible de retrouver un numéro chez Nike. Surtout que je ne me souviens même plus du nom de la personne qui m'a appelé.

Une semaine après mon retour, mon téléphone vibre. Cette fois, je suis chez moi. En train de chatter sur MSN avec une meuf de Dauphine que j'aurais adoré embrasser. À 28 ans, j'aurais adoré la baiser. Mais à 22 ans, j'étais à l'ouest moi.

Décrochage de mon Nokia B415 :

— Nathanaël ?

— Oui ?

OK, cette fois si on me propose un entretien, je suis dispo tout de suite. Et n'oublie pas le nom du contact, Nat.

— Karine de l'agence Nouveau Jour, j'ai reçu votre CV, on peut se rencontrer rapidement ?

— Oui, dans une heure.

— Haha, non mais sérieusement ?

Pourquoi elle rigole ?

— Bah, demain ou après-demain, ou après après-demain, mais on sera samedi, mais je suis dispo.

— Disons demain.

Nouvelle requête Google pour me souvenir de l'agence Nouveau Jour. Site web de l'agence. OK, ils font des trucs marrants. J'aime.

J'arrive treize minutes avant l'heure fixée pour le rendez-vous. Je suis en costume. Celui que j'avais acheté pour le mariage de Davy. Il est pas terrible, mais c'est un costume.

J'appelle Ilann pour savoir ce que je fais. Il me conseille de me présenter à l'heure pile, ou deux minutes avant, mais pas treize minutes avant.

À l'angle de la rue, il y a un café : La Caravane. Une déco bobo. Une devanture bleue avec une petite caravane accrochée en hauteur. Des meubles chinés. Des bancs d'écoliers. Des tables d'écoliers. Des tables avec des taches de peinture. Un serveur avec d'énormes cheveux bouclés, une bonne tête, un peu de barbe, un gentil le mec. Il est en train de nettoyer des verres quand j'entre dans le café.

Je demande un Coca.

Je me sens bien dans ce bar. Il y a de bonnes ondes.

J'ai toujours eu des prémonitions. Ma mère me dit qu'elle me croit, que ça lui arrive souvent. Quand je dis ça à mon cousin Antho, il me répond juste « Mais casse-toiiiiiiiii ». Donc j'arrête de lui dire que je ressens les choses.

Mais là, je la sens bien l'histoire. Je sais que je vais souvent revenir dans ce bar. C'est mon premier vrai entretien ; celui de « La Méthode Cauet », c'était Simon, un pote d'Ilann que je connais depuis l'adolescence qui me l'avait fait passer, donc bon, c'était juste un rendez-vous avec un pote. Mais là, je le sens bien.

Il y a un mec accoudé au bar. Sa tête est chelou. Il a une coupe démodée pleine de gel. Nos regards se croisent. Je sais que je vais le revoir souvent lui aussi.

J'ai pris le *Libé* du jour qui était posé sur le comptoir.

Je fais semblant de le lire. Je regarde juste les gros titres.

J'ai pas encore l'habitude d'entrer dans des bars juste pour prendre un café ou demander un Coca. Mais j'ai toujours fantasmé ce moment où les mecs sont au comptoir avec leur café en train de lire *Libé*. J'ai toujours rêvé d'avoir une « vie de quartier ». Mais quand j'étais petit, le seul bar qu'il y avait dans ma rue de banlieue, c'était le Lutetia, rue du Colonel-Fabien. Un bar de poivrots qui buvaient du rouge à 8 heures quand je passais devant en allant à l'école.

Je suis en costume dans un bar à l'esprit fracassé.

Je suis le mec le moins cool du café.

Merde il est l'heure.

Je ne finis pas mon Coca, je dis au revoir au serveur bouclé, je sonne au 12, rue de la Fontaine-au-Roi. Rien que l'emplacement de l'agence est parfait. C'est à quatre stations de chez mes parents. Sans changement.

Les bureaux sont sous une verrière. Quand j'entre, il y a deux grandes tables rondes, deux mecs, trois meufs. Tout le monde est derrière son ordinateur, on me salue à peine. Ils s'emmerdent pas les boss. Les trois filles sont ultrabonnes. Il y a une grande Suédoise incroyable et une petite brune qui se cache derrière ses grosses lunettes.

Tout le monde est habillé à l'arrache.

Une belle connerie d'avoir mis un costume. Un jean, ça passait largement. D'autant que le boss porte quand même des Crocs orange...

Je ne connais pas du tout ce milieu en fait.

Karine me fait asseoir et me questionne sur l'évènement caritatif que j'ai organisé. Enfin, que Gordon a organisé. Je l'enchaîne. J'ai jamais eu peur de parler avec des gens que je ne connais pas. Je suis à l'aise. Je me sens bien. Je la sens bien. J'ai même l'impression qu'elle essaie de me charmer. Elle touche ses longs cheveux roux et fins quand elle me parle. Elle rigole bêtement à mes petites pointes d'humour. Elle est chaude, putain. Elle doit avoir la trentaine. C'est bon une meuf qui a la trentaine quand t'as la vingtaine.

Elle fait venir le boss, Romain, pour valider directement ma candidature. J'hallucine. J'ai parlé trente-deux minutes avec elle et elle fait descendre le boss.

— Ah ouais, c'est toi Nathan c'est ça ? Nathanaël, ouais. Parce que ah OK, nous en fait on a besoin d'un mec qui gère la musique et tout, pour Ricard, mais c'est cool, « La Méthode Cauet » et tout, et donc toi ?

— ...

Je lance un regard désespéré à Karine : « Meuf, j'ai rien compris, c'est normal ? » Elle ne me calcule pas.

— Ouais bah ouais, « La Méthode Cauet », l'évènement caritatif, tout ça.

Romain se touche les cheveux quand il parle. Qu'est-ce qu'ils ont à tous se toucher les cheveux, bordel ?

— Ouais, je connaissais un mec moi... ouais. Parce que bon, non mais c'est cool, donc. T'es dispo quand, alors ?

OK, c'est des tarés dans cette agence. Je ne sais pas où j'ai mis les pieds, mais ça va être cool.

Les filles sont jolies et elles se touchent les cheveux en me regardant.

J'ai déjà l'impression qu'elles sont toutes amoureuses de moi.

— Je suis dispo dans une semaine.

— OK, faisons ça alors.

Deux mois plus tard, je suis au Baron avec toute l'équipe – enfin toute l'agence c'est six personnes – à éclater deux bouteilles de vodka. Tout le monde est bourré. La grande Suédoise est somptueuse. Elle est somptueuse *et* bourrée. Allongée sur un des canapés, elle lève ses jambes interminables en mimant des exercices de gym. Je sais pas si c'est ça la gym suédoise, mais je vais m'y inscrire demain.

On va se marrer. C'est pas le monde du travail dont on m'avait parlé. Moi je suis né pour me marrer. Pas pour me faire chier au bureau avec des mecs en chemisettes jaunes et cravates Donald.

Impossible de retrouver une boîte avec ce rythme de vie. Des boss qui te laissent faire ce que tu veux quand tu veux, tant que le travail est fait, des pauses déj à rigoler avec les boss pendant deux heures en terrasse, de bons salaires, des opérations drôles et décalées, des collègues à qui tu racontes ta vie privée autour d'un verre de rosé pour l'apéro.

Pendant toute cette période, je sais au fond de moi que mes boss sont en train de mal m'éduquer. Si un jour la boîte lâche, je serai incapable d'avoir envie de travailler ailleurs. D'avoir des horaires normaux et de vouvoyer mes patrons.

9

samesamebutdifferent

À Bangkok, quand tu demandes si c'est une vraie paire de Nike, on te répond : « Same same but different. » Ce sont les mêmes que les vraies... sauf qu'elles sont différentes.

Ma drague avec Anouk, c'est ça.

Same same qu'avant la fermeture de l'agence, but different parce que maintenant je suis chômeur.

Je dois gérer une drague en étant juste moi-même, sans mon statut social, sans le « je suis directeur de création » qui me rassurait. Je suis dans le vrai, je me retrouve face à moi-même.

Pourtant, je reste persuadé que ma situation est exceptionnelle et que je vais en profiter. Oui, je suis au chômage, mais « franchement, je commençais à tourner en rond, ça arrive pile au bon moment, je vais pouvoir réfléchir à ce que j'ai vraiment envie de faire ».

« Ouais, je vais sûrement me barrer trois mois au Brésil ou en Argentine, je ne sais pas encore. »

« Ouais, je rentre de Calvi ouais. »

« Ouais je repars après ouais. »

« Ouais, j'ai pas mal de projets ouais, j'écris un programme court en ce moment. »

Rendre cool le fait d'être au chômage, c'est ça être un bomeur.

En fait, c'est surtout réussir à faire croire à l'autre que c'est cool d'être au chômage.

Je me dépêche, je ne veux pas laisser traîner la drague, je ne veux pas qu'elle se pose de questions. Je ne veux pas m'en poser. D'habitude, je suis un tueur sur Facebook, j'arrive à enchaîner comme il faut, à sortir la bonne vanne au bon moment. Mais bizarrement avec elle, rien n'est fluide. J'enchaîne et pourtant je n'arrive pas à la toucher. J'ai quelques éclairs de génie, mais ça prend moyen. Je ne sais pas si c'est ma nouvelle situation qui provoque cela ou bien si c'est juste avec elle que ça ne le fait pas.

C'est à peu près comme d'habitude, mais je crois qu'un truc a changé chez moi.

Same same but different.

Premier apéro basique. Elle ne parle pas beaucoup. Le double visage est encore là.

Elle paraît confiante et pas du tout sûre d'elle en même temps. Chelou. J'ai du mal avec les gens pas clairs. Mais bon, elle accepte enfin un dîner à la maison. Donc elle peut bien se pointer avec son double visage, j'en ai rien à foutre, elle est jolie.

Rendez-vous est pris un lundi soir. 20 h 30.

Avant même que la partie commence, je sais comment cela va se passer, l'histoire s'est répétée tellement de fois.

Je vais faire quelques courses chez Monop' pour avoir un frigo pas trop vide et forcément prendre une petite bouteille de vin.

L'achat du vin, c'est le seul dans ma vie où je me fais niquer par le marketing.

J'achète ma bouteille de vin en fonction d'une matrice à deux entrées : prix et gueule de l'étiquette.

Moins de 6 euros, c'est que c'est dégueu.

Étiquette trop moderne, c'est que c'est dégueu.

Dans ma filière à Dauphine, je trouvais génial de la part du directeur de ma filière d'avoir eu l'idée de donner des cours d'œnologie à des mecs censés avoir des postes à responsabilité, avec des déjeuners d'affaires, tout ça, tout ça. « Un petit pouilly fumé Jean-Michel ? Ça se mariera bien avec le fumet de votre sole, non ? »

C'est très élégant de savoir gérer le vin. Il y a toujours une sorte de respect pour le mec qui a les couilles de prendre la carte des vins et de choisir la bouteille. Tu passes tout de suite pour un mec érudit.

Sauf que le cours était en quatrième année. Et que je me suis fait jeter en troisième année. J'ai jamais vu la gueule du prof. J'ai jamais vu la gueule de Jean-Michel. J'ai dû changer de filière pour ne pas redoubler.

Dans mon poste à responsabilité, on se bourrait la gueule avec des vodkas-Get-Perrier.

Je me prépare au scénario habituel. Elle arrive à 20 h 30, à 21 heures je lance une petite bouffe, à 21 h 30 je mets *Le Premier Jour du reste de ta vie*. Bah ouais, c'est le seul DVD que j'ai dans mon appart, c'est John qui me l'a prêté il y a quatre mois. Je ne l'avais jamais vu. Bon bah depuis, je l'ai vu douze fois. Avec douze meufs différentes.

Enfin j'ai vu douze fois les vingt-trois premières minutes.

Allez, vidage du cendrier, mise en place des courses dans le frigo, Febreze dans les chiottes. Petit coup de parfum, mais juste un pschitt, comme si c'était un reste de ma journée. Brossage de dents enchaîné avec une clope pour ne pas trop sentir le dentifrice quand elle arrive.

Je suis bon niveau timing.

Échange de textos avec Ted :

— Hé filsdeup, tu fais quoi ce soir ?

— Je vois une petite.

— Albataaaaard, qui ?

— Ta reum.

— Albâtaaaaaaaaaard. Non sérieux ?

— Non sérieux, ta reum.

— Bon azy, t'es lourd, qui ?

— La ptite du Charlot.

— Albâtaaaaaaaaaaard.

Retard de trente minutes.

Ah ouais, elle me met trente minutes de retard dans la gueule direct.

C'est pas le scénario habituel.

Qui a changé le scénario ?

Je répète, qui a changé le scénario ?!

D'habitude, les filles ont un petit dix minutes de retard, pour montrer un peu de détachement, mais là, trente, c'est relou. Princesse, quoi.

Pas grave, ça va me laisser le temps de préparer son arrivée.

Ce qui est compliqué quand une fille arrive chez soi, c'est la position à avoir quand elle va ouvrir la porte. Quand on entre chez moi, on est face à ma cuisine, puis sur la droite se trouve le salon.

Une belle cuisine noire, tout en long, bien rangée, quelques pointes de couleurs avec des mugs Pacman, un tire-bouchon couleur bleu Mister Freeze et plein de photos. Sur le frigo, il y a une tonne de magnets : une babouche de Marrakech, une tête de Mickey, un magnet Nutella. C'est kitsch et c'est ce que j'aime.

Mon salon est grand, mais il n'y a toujours pas de table pour dîner.

Mon pote Stef est dj... et fabricant de meubles pour l'hôtellerie et la restauration. Il s'occupe de tous les restos cool de Paris.

Quand j'ai emménagé dans mon appart, je lui ai demandé une table.

Normal, mon pote fait des tables, je lui en demande une.

Ça fait quatre ans que j'ai emménagé.

Je n'ai toujours pas de table.

Mais c'est toujours mon pote.

Mais je n'ai toujours pas de table.

Les murs sont blancs, rien n'est accroché au mur.

C'est un appart de mec.

De mec célibataire.

J'ai aussi un balcon. Grand, mais étroit.

Comme si l'archi qui a fait les plans s'était dit : « On va les faire kiffer, on va mettre un grand balcon, tout en longueur... Mais bon, on va pas abuser, il va pas être trop large, comme ça ils ne seront pas au top non plus. »

Et puis j'ai vue sur le jardin de l'immeuble, c'est cool, mais on n'a pas le droit de l'utiliser.

On a un jardin qui sert à dire « j'ai vue sur un jardin ».

Mais je n'y ai jamais mis les pieds.

Personne n'y a jamais mis les pieds.

J'aimerais bien proposer à la copro de créer un jardin partagé, où on planterait des tomates, du basilic, des pommes de terre. Ça permettrait aux enfants de l'immeuble de découvrir les fruits et légumes... et puis je pourrais surtout squatter le jardin jusqu'à 4 heures du mat' en été pour faire des barbecues avec mes potes.

Il n'y a pas grand-chose dans mon salon, mais il y a une grande télé.

Une trop grande télé.

Quand je suis allé chez Saturn pour l'acheter au moment de mon emménagement, je me suis retrouvé face à 142 télés de tailles différentes, posées dans une sorte de hangar immense. Forcément, j'ai perdu le sens des proportions entre mon appart de 40 m^2 et le hangar de deux hectares. J'ai craqué pour une télé 120 cm.

Arrivé chez moi, j'ai halluciné.

On ne voyait que la télé dans le salon.

C'était devenu l'objet principal de déco de mon salon.

Comme un gros beauf qui mettait le peu d'argent qu'il a sur son compte courant dans l'achat d'une ÉNORME télé.

Quand t'arrives dans mon salon, c'est la première chose que tu vois. Il n'y a pas de table à dîner, mais il y a une énorme télé.

Je ne suis jamais chez moi, tout le temps dehors, et je m'emmerde devant un film où il ne se passe rien dans les trois premières minutes. Mais dans mon salon, j'ai une énorme télé que je ne regarde jamais, et un miniordinateur sur lequel je me casse les yeux tous les soirs.

J'ai jamais su faire les bons choix, bordel.

Au resto, je ne me décide que lorsque le serveur est face à moi. J'attends qu'il prenne la commande de toute la table, et je finis. Toujours. Et lorsqu'il part, je me lève, je le poursuis dans le restaurant pour changer de choix. Toujours. Stef me dit tout le temps que lorsqu'il me voit galérer pour un plat au resto, il a l'impression que je joue ma vie sur un plat de pâtes.

Avec les filles que j'aime bien, j'ai toujours l'impression de ne pas dire le bon truc au bon moment. Donc je ne suis jamais vraiment moi-même. Enfin « être moi-même », c'est être bizarre, être indécis, du coup c'est chelou.

Bon, dans quelle putain de position faut que je sois au moment où elle va entrer chez moi ? Soit je suis dans la cuisine, du coup elle me voit de suite, soit je suis sur le canapé, elle me voit pas de suite et ça fait genre je m'en fous. Ou alors je la laisse sonner à l'interphone, je reste derrière la porte, mais du coup ça fait genre je n'attendais qu'elle. En même temps, ce soir, je n'attends qu'elle.

« Ah Anouk, c'est toi ? »

Comment je pourrais être étonné de la voir sonner à ma porte, sachant qu'on est convenus d'un dîner à la maison ? Bon, vas-y Nat là, concentre-toi, cette phase de la fille qui débarque, tu l'as vécue plein de fois, stresse pas... Ouais... bon... heu... ouais...

Merde, elle sonne à l'interphone. C'est toujours bizarre l'interphone la première fois. Tu peux pas être cool à l'interphone. C'est toujours très froid.

Tu ne peux que répondre : « Ouais, deuxième » direct.

Je vais pas dire : « Ouiiii, qui est-ce ? »

Je ne vais pas non plus me lancer en mode discussion : « Ouais salut, tu vas bien ? Pas trop long le trajet pour arriver ? T'as trouvé de suite d'ailleurs ? Ah coooool... bon et le boulot alors ? Deuxième ouais, à tout de suite hein ! Bisous bisous. »

Non, quand ça sonne à l'interphone, c'est : « Oui deuxième... deuxième... DEUXIÈME. MERDE CET INTERPHONE. DEUXIÈME, t'as entendu ? ALLÔ ? »

Raccrochage de l'interphone. Silence. Ça sonne à nouveau.

— Ça a pas marché...

— Ah OK... C'est bon, là ? Ça marche ? C'est ouvert ou pas ? ALLÔ ?

Pas de réponse. Mais j'entends à travers l'interphone la porte qui se claque.

Dis-moi, t'es obligée d'être froide à ce point ?

Même le « ça a pas marché » il est relou.

Bon, elle va arriver. Dans moins de deux minutes elle sera là, devant la porte. Et j'ai oublié de réfléchir à la position dans laquelle je dois être. Bon, heu... Top 10 des postures :

1. Je suis en train de regarder « Le Grand Journal ». Mouais, ça aurait fait cool il y a cinq ans, mais là ça fait beauf qui veut faire cool.

2. Je suis en train de fumer une clope en écoutant Nova... un peu trop branlos quand même.

3. Je suis en train de préparer le dîner, genre petit saumon en papillote accompagné de ses tagliatelles de légumes... Ah ouais, le mec est amoureux quoi, je suis un fou moi. Comment je fais ne serait-ce que pour y penser.

4. Je fais la vaisselle... Je perds toute ma virilité, OK, mais en même temps je gagne des points, ça fait le mec indépendant. Ouais mais bon j'ai une femme de ménage, donc je vais juste avoir à laver *une* tasse, ça va prendre trois secondes, pas assez long pour combler les deux minutes qui séparent sa sonnerie à l'interphone de son arrivée dans l'appart.

5. Je suis en train de lancer une machine à laver. Mouais, me voir avec un caleçon dégueu dans la main pour notre première rencontre dans mon appart, ça te classe tout de suite dans la relation de couple de vieux. Elle va avoir un flash de nous deux dans trente ans.

6. Je suis au téléphone « attendsdeuxsecondessteuplaîtcestsuperimportant ». Je suis overbooké, en train de finaliser une présentation pour le boulot par téléphone avec mon assistant... Prétentieux, branleur, et puis elle sait que l'agence a fermé...

7. L'attendre en caleçon-T-shirt-chaussettes devant la télé. Mouais, je peux me gratter les couilles aussi tant que j'y suis.

8. Les cheveux mouillés, serviette autour de la taille, je sors de la douche. Mais là du coup faut que

je me déshabille maintenant, que je range mes fringues, que j'entre dans la douche, que je me mouille un minimum, que je ressorte, que je trouve une serviette propre, que je mette du déo... et elle est déjà sûrement au premier étage dans l'ascenseur.

9. ...

DRIIIIIIIIIIIIIIIIIIIIIIIIIIIIIIIIIIIIIIIIIIING

Oui bah ça va, la relou, un petit coup de sonnette suffit, pas la peine de t'exciter.

Pas de solution numéro 9, pas de solution numéro 10, c'est con, ça se trouve elles étaient pas mal.

Je lui ouvre la porte, j'ai la tasse qui traîne sur ma table basse depuis dix jours dans la main avec un café au lait moisi, Michel Denisot fait son lancement du SAV, « L'éléphant... L'éléphant... L'éléphant... EF-FER-VE-SCENT... ». Ils font chier Nova avec leurs jingles à la con.

— Ah salut, c'est toi ?

— Salut.

Bise maladroite.

— Vas-y entre.

— Ah, c'est gentil.

???

C'est gentil de quoi ? Je vais pas te laisser sur le pas de la porte.

— Installe-toi, je dois finir un truc.

— OK.

Je dois finir quoi, au juste ?

Bon, elle s'allume une clope, elle n'est pas à l'aise. Normal. En même temps, elle vient d'arriver dans mon appart, on s'est croisés deux fois, et je l'accueille avec Nova, «Le Grand Journal» et ma tasse de café moisi.

Bon, je vais laver ma tasse, là. Merde, j'ai plus de liquide vaisselle. Tasse direction le lave-vaisselle. Voilà, j'ai fini. Tout pourri le truc que j'avais à faire.

— Alors, t'as trouvé facilement ?

Qu'est-ce que c'est naze, ces débuts de discussion. Lâche-toi Nat, arrête de te mettre la pression.

— Oui, c'est à quatre stations de chez moi, c'est pas le trajet que tu fais tous les matins ?

— Hein ? ah oui, oui, ouais, je sais pas ouais, haha.

— ...

— T'as dîné ?

— Non, je viens de partir du bureau.

— Il te restait des gommettes à coller ?

Elle rit enfin.

— Ouais, la galère, y avait un show hier, du coup, on avait pas mal de retombées presse aujourd'hui, et il fallait que je me tape tous les magazines qui ont parlé de nous.

— Tomates-mozza en entrée, ça te va ? J'ai pas trop faim et avec la chaleur, là...

— Ouais parfait.

Je suis pas bon niveau timing. C'est pas comme ça que c'est écrit, d'habitude.

En deux minutes, j'arrive dans le salon avec ma tomate-mozza bien disposée dans l'assiette, un peu d'huile d'olive, quelques gouttes de vinaigre balsamique et le basilic qui apporte de la couleur. La tomate-mozza, ça me rassure. Je sais que ça passe toujours.

C'est *le* plat à donner à une fille. Ça fait pas trop travaillé, mais ça a de la gueule. Parce que si j'arrive avec un saumon en papillote le premier soir, ça m'oblige à assurer tous les soirs de la relation. La tomate-mozza, ça lui montre que je fais attention à elle, que c'est bon, frais, mais que je me suis pas tapé comme un fou pour lui faire un dîner exceptionnel.

J'enchaîne sur tous les projets que j'ai. Buenos Aires pour trois mois. Monter une start-up, « j'ai une idée vraiment très très cool, mais je ne peux pas trop en parler pour le moment ». Finir le programme court qu'on a commencé avec Ted. Une idée trop marrante, je te ferai lire. Ah, je mixe dans un bar la semaine prochaine, c'est une soirée qu'on organise de temps en temps avec John, y a toujours trois cents personnes, gros bordel, ça va être une bonne rigolade, passe avec des potes si tu veux.

Je suis serein, je lui pose deux, trois questions pour lui faire croire que je m'intéresse vraiment à elle et à son boulot. Bon elle n'a pas grand-chose à répondre, hein. En même temps, quand tu colles des gommettes toute la journée, t'as pas vraiment envie de t'épancher sur le sujet. Pas de projet perso. Pas d'envie d'ailleurs.

Comme d'habitude arrive le moment où je me dis que je peux passer à l'action et tenter de l'embrasser. Il est dur à gérer ce moment.

Chaque mec a sa technique. Alors qu'en fait, les deux protagonistes savent très bien qu'ils vont finir par s'embrasser. Mais le stress existe, et c'est ce qui est bon.

Ma technique est toute pourrie, elle me permet juste d'enclencher le processus : je me lève, je vais pisser, je me lave les mains, et quand je reviens, la fille est toujours assise sur le canapé. Avant de m'asseoir, je m'approche d'elle et je l'embrasse.

Ça fait quatre ans que ça marche. C'est naze, les toilettes restent en mémoire, mais ça m'oblige à me lever, à être en mouvement au moment où je passe à côté d'elle et à me lancer.

C'est parti.

Toilettes.

Lavage de mains.

Mouvement.

Elle, assise.

Je m'approche.

Meeeeeerde, elle vient de s'allumer une clope... Ah c'est relou, ça. Commencer à l'embrasser quand la meuf vient de s'allumer une cigarette, c'est chiant. Parce qu'elle ne sait pas quoi faire de sa clope, si elle l'écrase, c'est que le baiser doit durer minimum trois minutes, sinon, ça veut dire qu'elle l'a écrasée pour rien. Si elle la garde à la main, faut juste le petit baiser pour dire qu'on s'est embrassés.

Bon, vas-y, je suis debout, en mouvement, toilettes, etc., on continue, Nat.

Oh putain, j'ai oublié de mettre le film. Merde.

— On mate un DVD ? T'as déjà vu *Le Premier Jour du reste de ta vie* ? Il est mortel, ce film.

— Bah tu l'as déjà vu ?

— Hein ? Ouais. Heuu non. Enfin les vingt-trois premières minutes.

Bon, je base le film.

Je baisse ma tête, lui relève le visage de ma main droite, décale ses cheveux derrière son oreille avec ma main gauche. J'aime les clichés. Les clichés sont des clichés parce qu'ils marchent depuis des siècles.

C'est toujours agréable de relever délicatement le visage d'une jolie fille, de mettre ses cheveux derrière son oreille, de s'approcher lentement, très lentement, jusqu'à ce que nos lèvres se touchent enfin, sentir un frisson parcourir son corps... ou non.

C'est vrai que quand tu ne sens pas le frisson, c'est pas génial. Parce que là, du coup, tu la joues cliché, mais tu sais que ça fait cliché qui marche pas.

Elle n'est pas très à l'aise sur le moment. Du coup ça me met mal à l'aise. Voilà, c'est fait, on s'est embrassés. Et on est mal à l'aise.

Elle est jolie.

Très jolie.

On sait qu'on s'est embrassés sans ressentir le frisson.

J'en ai embrassé plus d'une sur ce canapé. Y a bien une vingtaine de filles qui se sont retrouvées là, au même endroit, qui ont posé leur verre exactement à la même place sur la table basse. La plupart du temps, c'était cool et sans pression. On s'embrassait, quoi. Mais là... Same same but different.

10

lunettesnoirespournuitsblanches

Même au chômage, je vais toucher chaque mois beaucoup plus que quatre-vingts pour cent des Français qui travaillent.

Après Madrid et Calvi, je passe le week-end à Biarritz dans la maison de ma pote Laura. Je vais même enchaîner sur la Thaïlande au mois d'août. Je me fais des vacances de millionnaire. Des vacances de millionnaire au chômage. En fait, je décale de jour en jour le moment de tirer les conséquences de ma situation. Et puis montrer des photos de mon trip sur Facebook me permet de continuer à vivre une vie incroyable aux yeux de mes potes et des gens que je connais à peine. « Je suis au chômage mais tu rêves d'avoir ma vie. »

Laura a une maison magnifique. Quand tu te lèves là-bas, tu prends ton petit déj sur la terrasse avec vue sur la mer. En descendant quelques marches, tu arrives sur une piscine somptueuse. Et quelques mètres en contrebas, un ponton mène au bateau.

Ses parents sont des amours. Ils te reçoivent comme leur fils même si tu ne les as jamais vus. C'est un autre monde, mais j'arrive à m'y faire. Quand t'es chez eux, tu peux te retrouver à prendre l'apéro avec Ardisson.

D'ailleurs, l'année dernière, je l'ai vraiment rencontré. Il faisait 40 degrés, il était habillé tout en noir comme à la télé, on était à cinq en train de faire une bataille d'eau comme des gosses dans la piscine avec Laura – à 26 ans, y a plus crédible mais bon... Depuis la terrasse, il nous avait interpellés pour nous demander ce qu'on faisait dans la vie.

Je savais comment le toucher. En le voyant évoluer depuis des années sur mon écran, je savais qu'en une phrase le mec allait se souvenir de moi.

— Moi, c'est Nathanaël, je suis directeur de créa dans une agence de com.

— Ah, j'ai fait de la pub moi aussi, j'ai été un grand créa. À l'époque, c'était le far west, la pub.

Bam, en un one shot, j'ai touché ma cible. Ardisson, c'est un killer. Il a révolutionné la télé, je me suis endormi devant « Tout le monde en parle » des dizaines de fois. J'ai toujours pensé que c'était la seule émission où l'on apprenait vraiment des choses sur les invités.

Dix-sept minutes plus tard, on était sortis de la piscine, on avait séché au soleil et on remontait à la terrasse pour prendre l'apéro. Dix-sept minutes. On n'y est pas allés directement, histoire de montrer qu'on n'était pas impressionnés. Pas nous.

Un peu comme quand tu prends ton temps pour répondre à un texto qu'une meuf t'envoie. À vingt ans, j'étais le spécialiste de la gestion du texto. Je répondais, elle me répondait, je répondais, elle me répondait, et là j'arrêtais de répondre. Je la laissais sur sa faim. Le pire, c'est que ça marchait.

Bon, après j'ai commencé à vieillir, à penser qu'il ne fallait plus jouer à ce jeu à la con. Sauf qu'en fait, faut jouer à ce genre de jeu. Tout le monde fait ça pour prendre de la distance. Montrer du dédain.

Je drague Ardisson comme je drague une meuf.

Je me suis placé à un endroit stratégique pour qu'il soit obligé de me parler. Et je l'ai laissé venir... Fuis-moi je te suce, suce-moi je te fuis. Un truc dans le genre. En s'asseyant sur le canapé d'extérieur, il s'est retrouvé à ma gauche.

— Donc t'es dans la pub, toi ?

— Ouais, enfin, dans le buzz marketing, faire parler des marques grâce aux journalistes, c'est une nouvelle sorte de pub. (Traduction : je te le dis gentiment, hein, mais ce que tu faisais il y a vingt ans, c'est dépassé. La nouvelle génération, c'est moi.)

J'ai appuyé là où ça fait mal, pour qu'il se sente à l'ouest. Je continue :

— On fait pas mal d'opérations sur Facebook par exemple...

À l'époque, c'était novateur. Il mord à l'hameçon :

— Ah ouais... Facebook, j'y ai jamais rien compris. Moi à l'époque, c'était le far west, la pub.

Dans ma tête : « Ouais je sais, tu me l'as dit il y a douze minutes. »

J'ai affaire à un vrai businessman. En quelques secondes, il me demande les marges que l'on fait à l'agence, comment ça fonctionne, quelles marques viennent nous voir. Il sait qu'il n'est plus dans le coup, mais il sent que quelque chose se passe et qu'il ne faudrait pas laisser filer le train. Il est excité, je le vois dans ses yeux.

C'est ça, l'intelligence de ce genre de mecs. Ils savent s'entourer pour ne pas être dépassés. Ne jamais oublier que l'on sera tous dépassés à un moment donné. Et qu'il faudra s'entourer des plus jeunes. Bordel, c'est lui qui fait peur au PAF ? C'est chez lui que les peoples flippent d'être invités ? J'ai 28 ans, putain, et en deux minutes il me mange dans la main.

Il regarde ses potes : « Nathanaël, c'est la nouvelle génération, le futur de la pub. »

Il m'adoube. *Bam*, merci, au revoir.

Un quart d'heure plus tard, il s'en va. Il serre la main à mes potes et me dit :

— À bientôt Nathanaël... à bientôt.

Il vient de sortir de la maison et tous mes potes me regardent.

— Il t'a dit à bientôt là, on est d'accord ?

— Ouais mais bon, ça veut rien dire...

Au fond de moi, je sais que je l'ai touché dans le mille.

En rentrant de Biarritz, je demande son contact à Laura, j'envoie un mail à Thierry Ardisson, bordel. C'est fou quand même.

Il me répond dans la journée et me fixe un rendez-vous. Voilà, quand on a confiance, c'est d'une simplicité extrême. Je suis au chômage, mais j'ai rendez-vous avec Thierry Ardisson.

J'en parle à mes frères, pour nous c'est fou de prendre un café avec ce gars. Ilann m'explique que je n'ai pas à me prendre la tête sur ce que je vais lui dire puisque de toute façon, ce genre de mec n'arrête jamais de parler.

Et en effet, au rendez-vous, le mec part en monologue. C'est moi qui lui lance ses fameux « huuuun, huuuuuun ». Au bout de trente-cinq minutes, l'entretien se termine. Il m'a parlé de ses projets de cinéma, du monde de la pub, de ce qu'il a fait en télé, de ses idées révolutionnaires et m'a demandé de lui trouver une idée pour la sortie de son DVD collector.

Le lendemain, j'ai l'idée qu'il faut.

On va disperser dans tout Paris des portefeuilles. À l'intérieur, une fausse carte bleue Thierry Ardisson, des notes manuscrites, un faux permis de conduire à son nom. On filmera en caméra cachée la réaction des gens qui le trouveront par terre.

T'imagines ? Tu te balades et tu tombes sur le portefeuille de Thierry Ardisson. Sur les notes manuscrites, il y aura son nouveau numéro de téléphone. Les gens qui trouveront le manuscrit auront envie d'appeler. Là ils tomberont sur une annonce leur présentant la sortie du DVD collector. On en fera une vidéo que l'on diffusera sur Youtube et Facebook. Et on enverra des communiqués de presse aux journalistes pour leur parler de l'opération.

J'appelle Ardisson sur son portable.

J'appelle Ardisson sur son portable, bordel.

J'appelle Ardisson sur son portable pour lui proposer une idée à moi.

Je suis un peu stressé, bizarre.

Bon vas-y, j'appelle.

Ah merde, répondeur.

Merde, c'est chiant les répondeurs, tu sais jamais quoi dire, tu peux te louper et ça reste gravé.

« Ouais salut Thierry, c'est Nathanaël, je t'appelle pour... (merde, je le tutoie ou je le vouvoie, je me souviens plus)... pour la sortie de ton collector, j'ai l'idée qu'il te faut. »

Je tutoie très vite moi. Ça casse une barrière de tutoyer. C'est tout de suite beaucoup plus amical. Quand tu vouvoies un mec comme lui, je pense que tu lui montres trop de respect. Surtout qu'il me tutoie. Donc je ne vois pas pourquoi je le vouvoierais.

C'est comme lorsque j'étais en cours, ça me rendait dingue d'avoir à vouvoyer des profs qui nous tutoyaient. Je trouvais ça irrespectueux de leur part. C'était vraiment nous prendre pour des cons.

Il me rappelle, je lui balance mon idée géniale.

Réponse de merde :

« Ouais, sympa ouais, mais c'est un peu compliqué ton truc. »

Putain, je pensais que ce mec était un visionnaire. Et là, quand ça le concerne, il n'a aucun feeling.

Il va faire un communiqué de presse pourri, passer sur deux plateaux télé de ses potes, et basta.

De la com en sépia, quoi.

Je suis triste de le voir faire un truc comme ça.

Ouais, je ne me remets pas une seule seconde en question. C'est lui qui n'a rien compris. Pas moi. C'est le mec qui a révolutionné la télé qui a tort. Pas moi.

Je suis un putain de connard.

11

teschômeurmec

Mardi 18 septembre 2012

Putain de boîte aux lettres.

La gorge nouée de la mort de Mickey, je l'ai aussi tous les matins devant ma boîte aux lettres.

Dans la pub Volvic, Zidane disait : « D'abord la jambe gauche, toujours, chaussette, chaussure, puis la jambe droite et enfin une gorgée de Volvic. »

Bah ma pub pour la Poste avec moi en premier rôle, ce serait : « Ouvrir la boîte aux lettres, toujours, prendre le courrier dans la main droite, regarder les logos sur les enveloppes, en ouvrir quelques-unes, et reposer le tout dans la boîte aux lettres, et enfin, une gorgée de... merde, putain, j'ai plus rien dans le frigo fait chier, c'est pour ça que j'ai la bouche sèche, là. »

Dans mon frigo, j'ai une boîte de Kiri, deux tomates pourries et six mousses au chocolat périmées depuis un mois. Je prends les trucs dans la main, je vois que c'est périmé, je les repose dans le frigo. Comme si un jour j'allais me chauffer en mode :

« Deux mois que la mousse au chocolat est périmée... ça va, ça passe. »

Ma boîte aux lettres, c'est comme mon frigo. Mais là, la date de péremption, c'est le logo de Pôle emploi sur l'enveloppe. Ah, ça faut ouvrir. C'est relou... le pire de l'administratif arrive.

« OK, d'accord, vous êtes bénéficiaire de... Ouais, je suis chômeur quoi, rendez-vous le 25 septembre... C'est bon j'ai le temps. »

Le stress monte. *Bam.* Trajectoire habituelle : retour de l'enveloppe dans la boîte aux lettres.

Une semaine après, coiffure en règle, petite chemise, jean propre, chaussures. Pas de baskets.

— Bonjour, j'ai rendez-vous.

Putain, l'angoisse. Qu'est-ce que je fous là ?

— Très bien, monsieur. Veuillez patienter, ce sera tout d'abord un rendez-vous collectif.

On me fait entrer dans une petite salle avec une moquette horrible, des tables de réunion horribles, un conseiller Pôle emploi en chemisette horrible et un faux plafond horrible. À la table, le conseiller donc, et deux autres mecs.

Un gamin de 20 ans avec la tête pleine de gel, et un vieux monsieur dégarni, la soixantaine.

Tour de table.

Le genre de tour de table qui fait que t'as l'impression de ne pas être comme les autres, alors que t'es dans la même situation qu'eux. Le gamin commence.

— Je m'appelle Jonathan, j'ai 21 ans, j'étais responsable de restaurant chez Sushi Star, donc je cherche un travail dans la restauration, j'ai des capacités de management, gestion d'équipe, accueil des clients.

Sushi Star, putain. Quel est le mec qui a inventé ce nom-là ?

— Hé Jean-Mi, tu sais pour ton resto là...

— Ouais ?

— Je crois que j'ai une bonne idée pour le nom.

— Vas-y ?

— Sushi Staaaaaar... La star du sushi quoi, avec un petit côté américain en plus.

— Mais c'est japonais, le sushi.

— Ouais mais on s'en fout, c'est classe les States.

Mais merde, les mecs ont vraiment dû se dire ça pour qu'on se retrouve avec des makis California dans des restos jap.

Le vieux monsieur enchaîne. Il a un accent portugais et la voix qui tremble. En une phrase, les larmes lui montent. « Je suis spectateur du désespoir », disait IAM dans « Né sous la même étoile ».

— Moi, monsieur, j'ai 58 ans, je travaillais dans la tapisserie. Qu'est-ce que vous voulez que je devienne ? Pour ce travail, c'est fini monsieur...

Ce sont les deux seules phrases qu'il arrive à sortir. Puis il pleure. Il sent le mec dévoué qui a bossé toute sa vie pour finir par se faire jeter à quelques mois de la retraite. Je suis heureux de me retrouver au chômage à mon âge. Au moins, je sais qu'on peut tous y passer.

— Bonjour, je m'appelle Nathanaël. J'ai 28 ans, j'étais directeur de création dans une agence de communication. L'agence vient de fermer, mais je veux monter une start-up. Du coup, je ne vais pas être souvent à Paris. Je dois aller vivre à Los Angeles pendant trois mois, puis au Brésil. Merci. Au revoir.

J'ai pas 60 ans, j'ai pas d'accent portugais, et je n'ai jamais planté un clou de ma vie. Je n'ai plus 20 ans, je n'ai jamais été livreur, et j'ai arrêté de mettre du gel en 2005. Je suis pas chômeur, bordel. Je suis pas chômeur. Je suis pas chômeur. LAISSEEEEEEEEZ-MOI. CE N'EST PAS MOI, JE NE SUIS PAS LÀ, VOUS ÊTES FACE À MON JUMEAU INEXISTANT, BARREZ-VOUS, BABEDIBABEDIBABEDIBUM, JE NE VOUS ENTENDS PAS, JE NE SAIS PAS QUI VOUS ÊTES.

M. le Conseiller, 34 ans environ, dégarni, chemisette, petit gilet gris, balai dans le cul depuis sa naissance, la tête du vieux garçon qui achète son steak solo chez Franprix à 19 h 32 pour se faire un plateau télé devant le JT avec un peu de jazz en fond sonore, m'accompagne dans son bureau.

— Donc, monsieur, je vais vous lire le contrat qui vous lie à Pôle emploi. Vous vous engagez à...

— Bonjour, vous êtes bien sur le répondeur de Nathanaël, je ne peux pas vous répondre pour le moment, laissez un message après le bip.

C'est de l'administratif, ça me bloque, je signe où il me dit de signer. Il pourrait y avoir écrit que j'accepte d'être payé 250 euros par mois, je signerais quand même. De toute façon, je m'en fous de ce qu'il me dit. Je suis plus fort que lui. J'ai mieux compris la vie que lui. Et qu'est-ce qu'il y connaît à la com, lui, de toute façon.

— Vous savez, monsieur, j'ai déjà tout mon réseau. La com, c'est que par le réseau, donc Pôle emploi pour me trouver un job...

— Mais vous m'avez dit que vous vouliez monter votre entreprise ? Une start-up, c'est ça ? C'est parfait ça, je vais vous aider pour le business model, pour...

Oh putain le con, je suis le seul truc excitant qu'il a à se mettre sous la dent. Je savais qu'il fallait que je me taise. Le mec me prend pour Mark Zuckerberg.

— Ah ouiiiiii, OK... Ah bah c'est bien ça, génial.

Bah tu sais quoi ? Je te propose de prendre vingt pour cent des parts de ma start-up... Allez viens, ça va être trop cool, on va se prendre des locaux à Los Angeles, on va faire des soirées de ouf dans nos bureaux, avec plein de petites meufs, tu vas halluciner.

— Et vous avez déjà des contacts ?

— Oui oui, bah oui... avec heuuu...

Je suis en pression face à ce mec, bordel. J'ai peur qu'il me fasse sauter mon chômage, j'ai peur qu'il veuille me voir toutes les semaines, j'ai une boule au ventre, on dirait que je passe l'oral du bac et qu'il m'interroge pile sur le sujet que je ne maîtrise pas. Comme si le mec allait me dire : « Mauvaise réponse ! C'est mort pour vous, j'annule votre chômage. »

— En fait, mon ancien boss veut que je monte une agence de communication avec lui.

— Ah c'est parfait. Donc vous en êtes où ?

— J'en suis que j'ai déjeuné avec lui il y a une semaine. C'était vachement bon. On était au Floréal, ils font une Caesar salade de malade mental.

— Non mais vous en êtes où avec lui ?

— Je dois lui reparler, mais je le sens bien, hein.

— Alors on se revoit la semaine prochaine ? On fera un point.

Un point sur quoi ? Je peux déjà te le dire, pas besoin de revenir dans une semaine. Je serai allé à quatre soirées, vu deux meufs, pris douze Perrier menthe, trois Coca Zero, cinq demis, douze vodkas-Get-Perrier et j'aurai fait une demi-douzaine de siestes.

— D'accord, semaine prochaine, pas de problème. On dit 11 heures ?

— Ah désolé, j'ai que 9 h 30, mardi prochain.

— Hmmm... oui très bien.

Une semaine après, à la veille du rendez-vous suivant, je cauchemarde toute la nuit de M. Chemisette.

Je m'endors à 2 h 37, me réveille à 3 h 42, me rendors à 4 h 57.

Je suis en train de dîner chez lui.

Mon assiette est vide.

Il me propose de couper un bout de son steak.

Ça sent l'urine de chat.

Je suis allergique au chat putain.

J'ai un gilet en peau de mouton, on est en train de regarder un épisode de *Louis La Brocante*.

On ne se parle pas.

Il n'y a pas un bruit.

La télé est en mode silencieux.

Je n'ose pas partir de chez lui.

J'ai envie de dire des choses mais rien ne sort de ma bouche.

Il va se changer.

Il revient en combinaison de latex avec mon dossier Pôle emploi sous le bras.

Je savais qu'il était chelou ce mec, putain.

« Mange un bout de mon steak je t'ai dit. »

Braaaaaaaaaaaaaaaah.

9 heures.

Réveil en sursaut avec la sonnerie Marimba de l'iPhone. Trois ans que j'ai ce putain de Marimba dans la tête. Est-ce que le mec qui l'a composé prend des droits d'auteur chaque fois que quelqu'un reçoit un appel ou se réveille avec sa sonnerie ? Merde, comment je m'habille pour aller voir M. Chemisette ? Elle est où ma combi latex ?

9 h 35.

— Hou lààà, vous avez mauvaise mine vous, vous avez l'air fatigué... C'est quoi ces valises sous les yeux, vous êtes sorti hier ? (Avec un grand sourire complice.)

Bah oui, forcément, un bomeur qui arrive en chemise en jean, pas coiffé, avec un CV « ancien créa en agence de com », ça donne forcément envie à M. Chemisette d'imaginer de grandes soirées décadentes. Sauf que ma réponse est beaucoup moins sexy.

— Heu non, c'est juste que les rendez-vous à 9 h 30, j'ai plus l'habitude, moi.

12

tupeux?

J'ai beau essayer d'oublier que je suis au chômage, de ne pas me prendre la tête sur ma situation, on me la rappelle régulièrement :

Ma belle-sœur Hélène : « Nat, tu peux garder les gosses mercredi après-midi steuplaît ? Ta mère doit aller à l'assoce dont elle s'occupe, du coup je suis en galère. »

Mon frère Ilann : « Nat, tu peux passer la matinée chez moi demain ? Y a le plombier qui doit passer mais je taffe... »

Mon pote Olivier : « Nat, tu peux venir à la conférence que j'organise ? Y a pas assez de monde, faut remplir la salle... Ça va c'est cool, c'est à 8 heures... mais y a un ptit déj offert. »

Moi : « Ouais ouais, pas de problème » × 3.

Ça fait des journées chargées.

Bah ouais, je suis un assisté, je n'ai pas le droit de toucher mon chômage sans rien devoir à personne.

Pour tout le monde, cela semble être une évidence que je puisse rendre un service.

En fait, je dois rendre des services.

C'est une obligation.

Pour toucher mes allocations, je dois faire des travaux d'intérêt général.

J'ai rien d'autre à foutre de toute façon, c'est ça ?

Le « tupeux? » sonne toujours comme une question rhétorique.

Bon OK, en vrai de vrai, je n'ai pas spécialement autre chose à faire.

J'explose mon budget en verres pris l'après-midi, je ne me fais même pas d'expo, pas de ciné, je ne lis pas. Non, moi je veux être avec mes potes et rigoler.

Je pense que je suis la meilleure cible de Le Lay : mon cerveau est en train de se vider et il devient disponible, tu peux me vendre tout et n'importe quoi. D'ailleurs, j'achète tout et n'importe quoi, je n'ai que ça à faire. Faire un tour chez H&M un mardi à 15 heures, c'est plus plaisant qu'un samedi à 15 heures. Même les lieux de consommation me rappellent que je suis au chômage : la dernière fois que je suis allé me faire couper les cheveux rue Rambuteau, j'ai eu une réduction de vingt pour cent parce qu'on était en heures creuses.

C'est ça en fait, ma vie est une heure creuse.

Il suffit que j'achète une nouvelle paire de baskets pour me prendre dans la gueule un : « Ah bah ça va le chômage ! » Je comprends vite la gêne occasionnée par ma condition, du coup j'en joue et j'assume.

Quand on me demande : « Et toi, tu fais quoi dans la vie ? », je réponds : « Je suis chômeur. »

Ça me permet de faire le tri assez rapidement. Il y a deux types de réaction à cette réponse :

#1. Le regard embarrassé, presque effrayé, de la meuf ou du mec qui ne veut pas que cela lui arrive. Ça tourne les yeux, ça arrête la discussion et ça essaie d'enchaîner avec quelqu'un d'autre. Un peu comme les gens gênés de voir quelqu'un en fauteuil roulant, qui préfèrent détourner le regard. Quand on ne connaît pas le chômage, on en a peur.

#2. D'autres arrivent à continuer la discussion assez sereinement, en me demandant ce que je faisais avant, ce que je veux faire plus tard. Généralement, ce sont des personnes qui ont déjà des chômeurs dans leur entourage.

Ça me fait marrer d'assumer ma situation. Ça fait deux mois que je suis au chômage, et aux yeux du monde je suis encore le mec qui a la vie la plus cool du monde.

Du coup, personne ne se soucie vraiment de moi. Et ça me va comme ça.

13

larentréedesclasses

Ça y est, on est en septembre. Je viens de me faire trois semaines de pure folie en Thaïlande. Pas un seul moment je me suis posé la question de ma rentrée. De ce que j'allais faire. Je me laisse vivre, on verra bien. Comme mes neveux et nièces, j'ai passé deux mois de « grandes vacances ». Ça faisait six ans que je n'avais pas vécu ça, j'avais donc oublié l'angoisse de la rentrée.

Pourtant, comme eux, aujourd'hui, veille du grand jour, je sais que c'est une nouvelle année qui commence et, comme eux, je ne sais pas du tout où je vais mettre les pieds. Quand je bossais, en rentrant de mes deux semaines de congés payés, je connaissais mes profs (les directeurs de l'agence) et la composition de ma classe (mes collègues). Je savais même à l'avance mon emploi du temps (10 heures-19 heures) et la salle dans laquelle j'allais travailler (celle des créas au fond du bureau).

Finis les « Madame, je suis désolé, j'ai dix minutes de retard mais je pensais qu'on était en salle 212 en semaine A». Comme eux, je vais sécher sur le remplissage de fiches : «Nom/prénom/adresse/professiondesparents/cequejeveuxfaireplustarddanslavie».

Ce que je veux faire dans la vie? Mais j'ai 11 ans bordel, je vais te répondre un truc à la con, je connais pas les vrais métiers. Tu crois que ça me parle «expert-comptable» ou «contrôleur de gestion»?

«Ce que je veux faire dans la vie?» Mais j'ai 28 ans bordel, je suis au chômage depuis trois mois, je vais forcément te répondre un truc à la con. À 28 ans, après mes grandes vacances, je suis donc comme un gosse de 8 ans. Papier-stylo-remplissage de fiche en perso avant de m'endormir.

#1. Pompier. Vu comme je suis crevé après dix pompes, c'est mort.

#2. Astronaute. Mouais. Le seul truc qui pourrait jouer en ma faveur pour prendre cette voie, c'est que je connais la Grande Ourse, la Casserole que je montre aux meufs quand je suis un peu bourré les soirs d'été. «Mais si, regarde, là, nooooon, làààààà, voilà, là y a une étoile, tu descends là à droite là et puis... Ouais voilà, ça fait une casserole. Tu veux une autre vodka-Get-Perrier?»

#3. Pilote de formule 1. Impossible, tous mes points ont sauté pendant mes deux mois de vacances. J'ai été flashé à 160 km/h au volant de la caisse de la mère de ma pote Julie.

Mon père m'a laissé tranquille pendant mes vacances, mais à la rentrée il m'a quand même demandé ce que j'allais faire.

— Bon alors, c'était bien les vacances ? T'as profité ? Tu vas faire quoi maintenant ?

— Ah ouais, j'ai pas eu le temps de te répondre sur mes vacances que tu me remets dans le bain tout de suite, quoi.

Sous le coup de la pression, je lâche :

— Je vais monter une start-up avec Édouard, mon ancien boss.

Je sais que ça va le rassurer. Il veut juste une réponse concrète. Enfin, si la réponse concrète avait été « je vais me lancer dans la serrurerie », pas sûr que ça l'aurait rassuré.

Mais « start-up », c'est comme « buzz » il y a quatre ans. Il ne voit pas trop ce que ça peut être, mais il sait que c'est moderne.

Comme il n'y comprend rien, il ne peut pas enchaîner.

De mon côté, comme à 11 ans, avant la rentrée, je me prépare. Je range ma chambre, réunis mon Moleskine, mon MacBook, mes clopes et me dis que je dois profiter de ma dernière journée de grandes vacances.

C'est bizarre comme sensation de voir tout le monde retourner au travail et de se dire que je n'en ai pas.

Que je n'en ai plus.

Pour le moment, ça me convient.

Et je vais montrer aux gens qui m'entourent que ça me convient même parfaitement.

14

lesprojetsdebomeurs

Mardi 23 octobre 2012, 15 heures

Ted me rejoint à la terrasse du Floréal.

Métro Goncourt.

C'est à deux stations de chez moi.

C'est un nouveau lieu branchouille.

La devanture s'inspire des toiles de Mondrian. Des carreaux de tailles différentes, rouges, jaunes, blancs, noirs. C'est pas vraiment du Mondrian, je pense qu'ils ne voulaient pas de galères de droits d'utilisation, mais ça en est fortement inspiré.

La Caesar salade y est incroyable.

Elle est copieuse, le poulet est pané, et la sauce est aux anchois. C'est ça la vraie sauce de la Caesar salade.

Chaque fois qu'on va là-bas, on essaie de se chauffer pour tester un autre plat, mais quand le serveur arrive, on craque, on ne veut pas se louper, donc on part sur une Caesar salade.

Quand Ted arrive, je suis en train de griffonner deux trois choses sur mon Moleskine. Moins lourd qu'un Mac. Jamais en rade de batterie. Pas besoin de sauvegarde sur un disque dur externe... Les bomeurs sortent régulièrement avec leur carnet.

Mais pas n'importe lequel.

Non, les bomeurs sortent régulièrement avec leur Moleskine. Un petit carnet trop bien pensé, avec des feuilles et tout.

Ouais, enfin un carnet avec des feuilles quoi. C'est juste que les mecs du marketing ont réussi à faire croire qu'Hemingway l'utilisait.

« Attends, mon Moleskine c'est chanmé, il me suit partout, j'y note toutes mes idées pour mes scénars/mes opés de com/mes concepts de programmes courts/mes punchlines, et puis le papier quoi, moi j'écris toujours mieux sur papier. Je suis ptêtre de l'ancienne génération ouais, mais le papier et le stylo, c'est chanmé. Même Hemingway l'utilisait. »

À part *Le Vieil Homme et la mer* lu en 5eB au collège Pablo-Neruda d'Aulnay-sous-Bois, le bomeur ne connaît rien d'Hemingway, mais bon, ça justifie les 22 euros lâchés pour un carnet avec des feuilles. (Ah ouais, y a quand même un élastique qui sert de marque-page.)

En vrai, j'utilise mon Moleskine quand j'attends des potes en terrasse pour faire semblant d'être perdu dans mes idées, d'être investi, d'être un artiste.

Ça me permet d'attirer l'attention, de lâcher deux trois regards à la ptite blonde assise pas loin en train de jouer à CandyCrushSaga sur son iPhone.

Par contre, peu d'amis à moi me voient en train d'écrire des notes sur mon carnet, je le pose juste négligemment sur la table au moment où ils arrivent. Du coup, pour que mes amis me voient écrire sur mon carnet, il faudrait qu'ils m'observent de loin avant de me rejoindre pour notre fameux combo « Perrier menthe x 2 + crème brûlée » au Floréal à 22 balles... le prix de mon carnet.

À l'apéro avec Ted – enfin, l'apéro à 15 heures –, on prend des mauresques. C'est un Ricard avec du sirop d'orgeat. Quand j'ai commencé chez Nouveau Jour, j'organisais des soirées Ricard dans des bars. On venait avec des instruments de musique et les consommateurs pouvaient venir faire un bœuf. J'avais 22 ans, moi et le Ricard ça faisait 42. Je n'aimais pas le goût. Mais je m'y suis habitué. Un peu comme avec la clope. Au début, t'aimes pas, puis tu apprécies, puis tu ne peux plus t'en passer.

Les mecs de chez Ricard, ils m'avaient appris que lorsqu'un barman te sert un Ricard, il faut qu'il te mette les glaçons à part. Sinon, l'alcool du Ricard cristallise avec les glaçons et quand t'en viens à ajouter l'eau, le Ricard se dilue mal et tu te retrouves avec un verre opaque en bas et tout pâle en haut.

Du coup, j'adore faire cette remarque aux serveurs. Je leur apprends un truc.

Je trouve ça génial d'apprendre un truc aussi basique à un serveur.

Quand Ted arrive, le sujet du jour, c'est l'ouverture de sa pizzeria d'un nouveau genre, au mètre, où tu choisis le nombre de centimètres de pizza que tu veux. Il s'est cassé de la boîte informatique dans laquelle il bossait avec un bon chèque, et maintenant il veut faire ce qui lui plaît. Et ce qui lui plaît, c'est de ne plus être salarié.

Pour le moment il profite, comme moi, du temps qui passe. On se lève tard tous les deux, on déjeune en terrasse, on prend des verres en terrasse, on prend l'apéro en terrasse, on dîne en terrasse, puis on va en club, puis on se couche. Puis on se lève tous les deux tard, on déjeune en terrasse, on prend des verres en terrasse, on prend l'apéro en terrasse, on dîne en terrasse, puis on va en club, puis on se couche.

Lui, ça fait sept mois qu'il est au chômage. Il me prévient en avance des phases par lesquelles je vais passer.

— Tu vas voir, Nat, au début c'est trop cool hein le chômage, en plus, toi, c'est en plein pendant l'été, c'est juste des vacances prolongées pour le moment.

— Franchement, c'est mortel, j'en avais besoin en plus, je commençais à fatiguer.

— Ouais bah attends l'hiver frère, tu vas moins faire le mariole. Là c'est cool, tu te lèves un peu tard, tu mets un short, un T-shirt, tu prends ton scoot et tu vas rejoindre des potes pour boire un verre. Après, quand vient l'hiver, tu te lèves, il fait nuit ou il pleut, il fait 7 degrés, faut que tu mettes un jean, un T-shirt, un sous-pull, un pull, une doudoune, que tu prennes ton scoot, t'as oublié tes gants, t'as les doigts qui gèlent, le froid tape ton front au niveau du casque comme quand tu manges une glace en plein été et que c'est beaucoup trop froid, t'as le cerveau qui congèle... je peux te dire qu'en plein hiver, t'y réfléchis à deux fois avant d'aller prendre un verre avec un pote.

— Ah ouais, dur... Non mais d'ici l'hiver, j'aurai avancé sur mon projet de start-up avec Édouard.

— C'est quoi alors ce plan ?

— Pour le moment, on sait pas du tout, on sait juste qu'on veut monter une start-up.

— Mais c'était au début des années 2000 que les mecs réfléchissaient comme ça ! T'as même pas un début d'idée ?!

— Non mais je suis confiant, on va trouver.

Le chômage m'est tombé dessus il y a quelque temps. J'ai encore le reste d'assurance qui me permet de me lancer dans un projet sans avoir ne serait-ce qu'un début d'idée. Je sais que je vais trouver l'idée qui tue. La BIG IDEA qui va révolutionner Internet ou les applis iPhone.

— Ouais mais t'as pas d'idées là. Pas un truc ? Rien ?

— Non. Bon et toi, la pizzeria ?

— Là, on cherche les lieux et le nom.

— Et tu sais faire les pizzas ?

— Bah non.

— Putain, on est des branques, sérieux. Moi je veux monter une start-up mais j'ai pas encore l'idée, et toi tu veux monter une pizzeria mais tu ne sais pas en faire.

On ne déroge pas à la règle des bomeurs. Le fameux « Je suis sur un projet là, un gros truc, mais je t'en parlerai quand ça aura avancé ».

— Et pour le nom, tu peux pas m'aider ? T'es créa ou pas, bordel ?

— Ouais ouais, je vais chercher.

Au fond de moi, je sais que je n'y arriverai pas. Quand on me demande d'être créatif pour la famille ou les amis, j'ai un blocage. Quand c'est pour Darty ou CK one, ça me vient tout seul, je ne connais pas les mecs en face de moi, je n'ai aucune barrière psychologique. Je n'ai pas peur de décevoir des mecs que je ne connais pas.

— Alors, t'as un truc ou pas ?

— Quoi, j'ai un truc ?

— T'as une idée pour le nom ?

— Mais t'es fou toi ! Tu viens de me poser la question ! Ça marche pas comme ça.

— Ben moi, quand on me demandera une pizza, elle arrivera en moins de trois minutes...

— Ouais bah pour le moment tu sais aussi bien faire une pizza que moi alors ta gueule. Appelle ta pizzeria « La Zap » et m'emmerde pas.

— C'est nul.

— Ou alors, « Les Enculeurs de mamans ».

— T'es lourd putain, je suis sérieux, c'est mon projet, c'est sérieux.

Les projets perso, c'est important pour les bomeurs. Ça permet de montrer que l'on est au chômage mais que l'on a encore une vie sociale. Qu'on reste un peu comme les autres tout en maximisant le fait de ne pas avoir de boulot.

Rester vague, mais montrer que l'on est actif. Tous les bomeurs font ça. Impossible de perdre la face. Qu'est-ce que tu veux répondre, hein ? Que tu te lèves tard ? Que tu glandes sur Facebook ? Que t'as maté tous les matchs de Roland-Garros ?

Impossible pour moi de répondre la vérité. Je ne vais pas répondre que je me suis surpris à regarder les huitièmes de finale du championnat du monde de judo catégorie moins de cinquante-six kilos et à m'exciter en gueulant « alléééééé làààààà, ippon dans sa gueule ! »

T'es qu'une merde si t'es « que » chômeur.

On t'oblige à avoir des projets.

Tous les bomeurs ont même un autre projet, plus créatif celui-ci.

Moi par exemple, mon projet créatif, c'est une série.

On s'y met avec Ted quand on a fini nos mauresques.

On se voit chez moi. Et on écrit.

On rigole, ça nous détend, on y croit sincèrement, et ça nous permet d'écrire par texto à nos meufs respectives qu'on est en train de bosser... et qu'en plus, on se marre. Non seulement on montre qu'on est actifs, mais en plus, on leur met dans la gueule que notre situation est la meilleure du monde.

Notre série, elle s'appelle *Boloss Boloss*.

C'est la première série pour enfants pour adultes.

On a imaginé ce concept en voyant Charlotte Le Bon présenter la météo.

Quand Bigard fait une blague grasse, c'est drôle.

Quand c'est une fille aussi jolie qu'elle qui fait une blague aussi grasse que celle de Bigard, c'est encore plus drôle.

C'est le décalage entre le propos et la personne qui fait la différence.

On a donc imaginé les Télétubbies faire des blagues d'adultes. Et ça nous a fait rire. L'ancien graphiste de l'agence, bomeur lui aussi, a dessiné des personnages selon nos recommandations.

Il y a Happy Meal, le petit personnage mignon, jeune et un peu naïf. Mute, une grande tige muette qui est le souffre-douleur de la bande. Sheih (vieille expression qu'on utilisait au collège pour dire « bien fait pour ta gueule »), un petit nerveux, dans le style de Sarko. Et Boobs, la fille du groupe. La plus mature, la sagesse incarnée.

Chaque épisode répond à une fausse question d'enfant : « Est-ce que le Kama Sutra c'est comme le Sudoku ? » « Est-ce que les putes c'est des filles qui ressemblent à des garçons et qui ont un accent brésilien quand on passe par le bois avec papa ? » « C'est quoi le chômage ? Est-ce que ça veut dire que les papas ils sont plus fatigués qu'avant alors qu'ils se lèvent à midi ? »

Mute explique à ses potes que le chômage c'est très cool les trois premiers mois, qu'il sortait, qu'il buvait, qu'il rentrait avec des filles, puis que la descente aux enfers commence, qu'il ne met plus un pied dehors, qu'il ne prend plus soin de lui.

Il finit par se suicider.

On décrit juste notre situation en la poussant à l'extrême.

Drôle.

Pour le projet qui va faire de moi un millionnaire, c'est avec Édouard et Sophie que ça se passe. Mon ancien boss et une ancienne collègue. On se voit tous les matins. On veut monter une application iPhone. Mais on ne sait pas laquelle.

Quelque chose de révolutionnaire.

Mais on ne trouve pas.

On se voit tous les matins, ça nous oblige à nous lever tôt.

Vers 9 h 50.

On prend notre café ensemble, on discute, on bosse.

Un peu.

Pour le moment, on veut créer une application sur la mode qui permettrait à toutes les filles de montrer en photo à leur communauté ce qu'elles ont repéré en magasin.

Sauf que lorsque l'on se regarde, on voit bien que l'on n'est pas crédibles en matière de mode.

On est sur ce projet pour une seule raison : se donner l'impression de faire quelque chose de concret. Et avoir une raison pour se réveiller le matin.

Si je restais chez moi à regarder les rediffs de *Desperate Housewives* sur M6, je serais tout aussi productif.

Mais là, je peux dire à mes parents, à mes frères, à mes amis, aux gens que je rencontre, que « je bosse sur une application iPhone en ce moment, je monte une start-up quoi ».

Donc je bosse sur cette application iPhone. J'essaie de me persuader que l'on tient quelque chose. Je me mens.

Putain, je me mens super bien en fait.

15

jemelèveetjetebousculetuneteréveillespascomme dhabitude

— C'est fou parce que moi, si je me retrouvais au chômage, je resterais à glander devant la télé à mater des séries pourries.

— Mais je peux pas, Anouk, je suis obligé de me bouger.

— T'as bien avancé sur *Boloss Boloss* ?

— Ouais, on a bientôt fini le scénario du deuxième épisode, c'est une grosse grosse balle.

— Fais-moi lire steuplaît, j'ai trop envie.

— OK. Quand c'est fini je te l'imprime et tu me dis ce que t'en penses.

Je lui parle de tous mes projets. Le moindre début de plan, je lui en parle pour faire mousser mon ego.

John a beau me répéter la phrase : « Fais tes projets en silence, la réussite se chargera de faire du bruit », moi je continue à faire du bruit à chaque début d'idée.

Avec l'ego que j'ai, j'ai l'impression de ne servir à rien si je ne balance pas une idée tous les trois jours.

« Hé, j'ai pensé à une appli iPhone où tu pourrais noter le physique des serveuses dans les bars, ce serait pas trop drôle, sérieux ? »

« J'ai pensé à un site de réservation de billets en fonction de la météo prévue. Tu mets juste ton budget et ça te donne les destinations où il fait beau, triées par prix. »

« Je vais lancer un collectif pour des organisations de soirées, j'ai déjà fait un compte sur Facebook. C'est sûr, on va tout niquer. »

Sans aucune stratégie, je me lance dans des projets incohérents, pour me montrer que j'existe, pour lui montrer que j'existe. J'ai l'impression de faire illusion.

Sauf au réveil.

Tous les matins, c'est le même rituel.

Le réveil sonne au loin. J'ouvre l'œil une première fois... puis je le referme.

La deuxième fois que j'ouvre l'œil, Anouk a déjà un café dans les mains.

La troisième fois, elle est habillée et finit de se maquiller.

La quatrième fois, elle m'embrasse pour me dire au revoir.

Je me rendors.

Une seconde de sommeil dans ma tête de bomeur mal réveillé avec une trace de coussin sur le front à ce moment-là équivaut à dix-sept minutes dans la vie réelle.

Quand je me réveille, comme d'habitude, je lâche ma ptite caisse du matin. Parfait. C'est bon de vivre seul et de se lever plus tard que sa meuf. C'est la vraie liberté pour un mec de pouvoir se lâcher au réveil en détente.

Je regarde par la fenêtre le temps qu'il fait. Je ferme les yeux à nouveau.

Je suis réveillé par le bruit d'une tasse posée dans la cuisine.

Et meeeeeeeeerde. Elle est toujours là.

Faut la jouer naturel.

— Bonne journéééééé...

— Nat, il est tout pourri ton « Bonne journée ».

Claquage de porte en partant.

La cinquième fois que j'ouvre l'œil, il est 12 h 36.

L'angoisse.

Le soir, le problème de timing revient vite.

22 h 02. Je veux aller boire un verre.

22 h 03. Pour Anouk, on ne prend pas l'apéro à 22 heures un lundi.

Fin de la discussion.

22 h 37. Elle commence à fermer les yeux.

23 h 04. Je rigole très fort devant la télé pour la réveiller.

00 h 10. Je tourne en rond dans le lit.

— Putain, je suis pas fatigué le soir, c'est horrible.

— Réveille-toi à 9 heures déjà, et tu verras que le soir ce sera pas la même chose. Bonne nuit.

(Dans ma tête : Il est tout pourri ton « Bonne nuit ». Continue à te lever tôt pour ton boulot de merde, moi je me lève quand je veux, je me couche quand je veux, et je passe mes journées sur mes projets perso. J'ai pas un boss qui m'emmerde toute la journée. Tu fais quoi de tes journées toi ? Tu te réveilles tôt, tu te couches tôt, tu te fais dégommer au taf. Tu ne profites pas de la vie. Moi si.)

Putain, elle me rend dingue.

Elle ne croit pas à mes projets.

Alors que j'y crois à deux mille pour cent moi... si si, j'y crois... ouais... c'est sûr que c'est bien ouais... mais si...

Azy là, j'arrive pas à dormir.

16

lebomeurestundj

Jeudi 15 novembre 2012, Café Chérie

Un Mac, une table de mixage à 200 balles, et c'est parti.

Pour me donner une putain de crédibilité sociale, je m'improvise dj dans des bars hype de Paris.

Comme à peu près tous les bomeurs de Paris je pense :

« Ouais, je mixe au Rosie jeudi. »

« Je mixe dans un rade mercredi dans le 10e, essaie de passer. »

« J'arrive plus tard dans la soirée, je mixe dans un anniv à Pont-de-Suresnes... ouais c'est loin, ouais... mais je prends 250 balles, putain. »

Sauf qu'un dj, ce n'est pas exactement ça.

Stef est un dj, un vrai.

Dans les 80's-90's, un dj, c'était le mec que tu voyais derrière des platines vinyles, qui faisait du scratch, qui passait sa journée à faire ça et qui galérait pour caler ses sons sur le même tempo.

J'ai passé mon enfance à le voir faire ça dans sa chambre. Alors qu'aujourd'hui, j'appuie sur le bouton SYNC qui se trouve sur ma table de mixage. Sync pour « synchroniser ». Ça permet d'enchaîner deux chansons automatiquement. C'est moche. Enfin surtout moche pour le mec qui a galéré dix ans dans sa chambre avant de s'autoriser à mixer en soirée.

Parce que moi, j'en ai rien à foutre, je ne me pose pas de questions, on accepte que je passe des sons, bah je passe des sons.

Le respect de la musique et tout, je m'en fous.

Je prends tous les bons plans.

Et celui-ci, c'est un putain de bon plan :

– je balance du son. Donc je suis dj. Donc je suis cool. Donc c'est bien ;

– ça arrondit mes fins de mois ;

– je me mets une caisse gratos puisque le bar m'offre les consos ;

– c'est pas très compliqué à faire, je repasse les deux trois sons Shazamés à la soirée précédente.

Le bar branchouille qui prend un mec avec de la barbe pour faire dj, c'est un secteur en plein essor.

Pôle emploi devrait proposer des formations « tabledemixageàdeuxcentsballes ». Enchaînements foireux, qualité du MP3 merdique. Les temps changent.

Du coup, un terme a fait son apparition : Track Selector.

Parce que bon, faut pas déconner non plus, je suis pas dj, je suis pas dj, c'est tout.

Le Track Selector a une culture musicale qui fait de lui un mec cool, sans pour autant se considérer dj pro. Première prise de conscience. CLAP CLAP.

«Track Selector.» C'est forcément une invention de bomeur ce mot. Donner un nom cool à un truc foireux.

Ce soir-là, comme dans chacune de mes soirées, je joue quelques titres pas trop connus en début de soirée pour ma hype credibility, puis je lâche du lest en milieu, fin de soirée :

— Mais quoi, ça va, les gens adorent «Banana Split», c'est tout, c'est pas de ma faute.

— Y en a marre Nat, dans chacune de tes soirées, au début c'est cool, et puis après tu pars en couilles et tu mets Simple et Funky et les Magnolias, c'est relou.

— Mais je suis pas là pour l'amour de la musique moi, je veux pas éduquer les gens, je veux qu'ils s'amusent, qu'ils dansent. Et là, ils dansent ou pas ?

Moi ce que j'aime, c'est plaire au plus grand nombre.

Je m'étais embrouillé avec Anne-Laure quand je bossais à l'agence. Elle s'occupait des relations presse. Faire en sorte que les journalistes parlent de nos opérations de com gratuitement dans les journaux en faisant des articles sur les marques pour lesquelles on bossait. Sur une idée que j'avais pour un client, elle me disait que ça n'intéresserait pas *Shoes-Up* et *Le Bonbon*.

Je lui avais répondu que je voulais faire *Le Parisien* et *Le JDD*. Je veux plaire au plus grand nombre. Je veux que mon idée passe au JT de Pernaut, pas sur Tracks.

Donc quand je mixe, c'est la même chose.

Je veux balancer le son qui va faire bouger les gens.

Je ne veux pas deux connards de nouveaux Parisiens face à moi. D'ailleurs ce soir-là, j'en croise deux. En face à face. En face-to-face.

Je fais la queue pour aller pisser.

Enfin, je passe devant tout le monde pour aller pisser.

Quand t'es bourré, tu te permets un peu tout. Surtout quand c'est toi qui mixes. T'as l'impression que t'as le droit de passer devant tout le monde. Que tu dois passer devant tout le monde.

Deux mecs m'arrêtent. Je me retourne. Les voilà.

— Hé ho, ça va, on se calme les nouveaux Parisiens...

— Quoi ? T'es qui toi ?

Y a un renoi qui fait la queue à côté de moi. En un mot, il capte où je veux en venir.

Il est mort de rire mais il se retient.

— Quoi « quoi » ? T'es un nouveau Parisien non ? Je les reconnais moi les mecs comme toi, t'as la chemise fermée jusqu'en haut, t'as une petite moustache et une casquette plate. T'es un nouveau Parisien, c'est tout.

— Non mais la chemise, elle est pas fermée hein...

C'est horrible, je force le mec à se justifier.

Je suis méchant. C'est pas bien ce que je fais. Mais ça fait rire le mec qui fait la queue à côté de moi. Et quand je fais rire une personne, je peux continuer à dégommer ma cible. C'est pas bien. Mais c'est drôle quand même. Mais c'est pas bien. Mais franchement c'est drôle.

Ils m'insupportent ces mecs qui en font trop alors qu'il y a deux ans, ils étaient encore dans leur bled pourri. Pourtant il m'a rien dit bordel. Il a juste pas voulu que je lui passe devant dans la queue. Et même pour me le dire il a été cool.

Je suis vraiment un connard.

— Ça va, ça va, je sais que t'es un nouveau Parisien. Je peux même parier mes couilles que tu viens de Montpellier.

Je la tente, on ne sait jamais, si j'ai visé juste, c'est fou, c'est magnifique, c'est somptueux, et en même temps terriblement méchant.

Merde, j'ai visé juste. Je le vois dans son regard. Le mec hallucine. Mais non ! Le renoi qui fait la queue à mes côtés comprend aussi. Il me regarde avec de grands yeux ébahis.

— Quoi, Montpellier ? Comment tu sais ?

— Je le sais, c'est tout. Les mecs avec ta dégaine ils viennent tous de Montpellier.

Clôture de la discussion. Je passe devant lui. Et je pisse.

Je pisse en titubant, en me parlant à moi-même. Y a que lorsque je suis bourré que je me parle à moi-même à voix haute.

Ouais, il y a les nouveaux riches et... les nouveaux Parisiens.

Finalement, ce sont un peu les mêmes.

Le nouveau riche sera toujours plus arrogant que l'original. Il achètera une Ferrari, mais pas n'importe laquelle... Le nouveau riche, il achète une Ferrari jaune.

Bah le nouveau Parisien, c'est pareil.

Il ferme sa chemise un bouton de plus que le vrai Parisien, il a une moustache quand le vrai Parisien a une barbe, et se déplace en fixie quand le Parisien est en scooter.

Le mec avec sa petite moustache, sa casquette « Pigalle » et son sweat « Brooklyn We Go Hard » que je vois ce soir-là, c'est évident qu'il n'est pas né dans le 19e...

Non, à quatre-vingt-douze pour cent il vient de Montpellier.

En fait, le nouveau Parisien, c'est la cagole du hipster.

C'est le mec fake qui ne découvre les lieux de Paris que par des articles du *Bonbon*, mais qui est toujours Chez Jeannette ou au Mansart pour prendre son demi comme un crevard. Il va où il faut aller.

— Tu vois, John, je pense que ça fait plaisir à Anouk de voir que je suis actif. Que je suis *le* mec de la soirée. C'est généralement pas bon de sortir avec une fille qui a besoin de ça. Mais franchement ça me convient, hein. C'est plus cool de dire : « Ce soir mon mec mixe » que « Je sais pas ce que fout mon mec, il doit être en train de dormir. Oui, je sais, il est midi et demi mais bon... » Anouk, elle peut pas kiffer d'être avec un mec qui se lève aussi tard et qui ne fout rien de ses journées. Même si, bon, je ne suis pas vraiment son mec. Enfin c'est tout comme, mais j'ai l'impression qu'on n'est pas vraiment ensemble. On se voit souvent quoi. On est plus qu'un plan cul, moins qu'un couple. La preuve, je le prends mal quand elle me fait une réflexion sur ma dégaine, sur ce que j'écoute, sur ce que je suis. Je l'aime bien et elle m'aime bien. C'est assez coolos en fait. Mais on est vraiment une génération de merde qui ne veut pas s'engager. T'imagines que la dernière fois, elle m'a engueulé parce que je voulais lui prendre la main dans la rue ? C'est fou quand même ! Moi, quand je sors avec une meuf, j'ai envie de la prendre dans mes bras, de l'embrasser, de lui donner tout ce que j'ai direct. Ouais, c'est ptêtre ça mon problème, c'est que je veux tout donner direct par peur qu'elle ne me donne rien. Putain, je suis pas heureux en fait avec elle, c'est pas comme avec les autres, elle me bloque, c'est dingue. Pourtant je m'accroche à elle, c'est chelou.

— J'ai rien entendu à ce que tu m'as dit, Nat, j'avais le casque sur les oreilles, je galère à caler le prochain son. Tout ce que je sais, c'est que tu te poses trop de questions, mec. Mate plutôt la ptite blonde qui veut entrer dans la cabine et va te faire sucer dans les chiottes, ça va te détendre. On part en mode funk là ou en mode hip-hop ?

La ptite blonde qui arrive, elle ne danse pas en rythme.

Et elle a des ballerines.

Les filles adorent le « je suis à l'aise dans mes ballerines ».

Mais t'as 22 ans, bordel !

Le « je suis à l'aise », c'est une réponse que fait ma mère quand je lui dis que j'aime pas ses chaussures, mais à 22 ans, tu ne dois pas te soucier d'être à l'aise !

Moi je suis pas à l'aise dans mon jean APC qui me moule les couilles. Alors ne mets pas de ballerines. Ça te fait des jambes en poteaux. Un angle droit horrible entre le pied et le mollet.

Même Kate Moss en ballerines je la touche pas.

Enfin, pour Kate Moss je fais peut-être une exception.

C'est complètement emmerdant d'avoir une fille dans une cabine de trois mètres carrés quand t'es en stress pour choisir le prochain titre que tu vas passer. Mais la situation fait tellement plaisir à mes potes qu'on la laisse rester avec nous.

Will et Stef me lancent de grands regards pour me signifier qu'il faut que je bouge, que je fasse quelque chose.

Stef se mord la lèvre supérieure avec un signe de tête qui veut dire : « Rhalalalalalalala mon frèèèèèèèère, mais quoi ?! Attrape-la tout de suite, bordel ! »

J'ai jamais emballé une meuf dans une de mes soirées.

Trop concentré.

Connerie.

Et ce soir, Anouk est là.

Au bout de quatorze minutes de présence de « laptiteblondeenballerines » dans la cabine, Anouk entre à son tour, pour lui signifier qu'il faudrait qu'elle dégage.

C'est chanmé, elle marque son territoire ! Ça me fait plaisir en fait.

Mais ça allume des regards encore plus chauds des trois filles qui sont devant la cabine depuis une demi-heure.

L'esprit de compétition.

Échange de textos groupés pour Stef, Will et Antho :

« Putain je suis trop con, si j'étais célibataire, là, je ferais un carnage. »

« Ah ça y est, le mec nous annonce en détente qu'il est en couple ! Canard ! T'es qu'une merde ! »

« T'inquiète, Nat, avec Stef on s'occupe du trio de Suédoises, on te racontera. »

Je suis trop bête, moi, je laisse ça me passer sous le nez.

Elle a intérêt à assurer, Pocahontas.

17

lanniversairedubomeur

Samedi 8 décembre 2012, 17 h 07, mon appartement

Comme tous les ans, je me dis que je vais faire un truc pour mon anniversaire. Comme tous les ans, je regarde les sites de location de salles, j'aimerais un truc un peu différent, un truc que personne n'a jamais fait, inviter beaucoup de monde.

Mais dès que je regarde le budget, je me déchauffe.

Ça fait une semaine que j'ai lâché l'affaire, j'ai dit à mes potes qu'on se ferait un resto, « histoire de marquer le coup ». Sauf que j'ai finalement envie d'une grosse fête. Les restos, on s'en fait tous les jeudis avec Stef, Will, Antho, etc.

À 17 heures, je décide d'organiser une fête chez moi pour le soir même. Et tout le monde sera le bienvenu.

Comme une envie de dire au monde que je ne suis pas mort et que les meilleures fêtes de Paris, elles se passent chez moi.

Parce que les trois premières se sont déjà très très très bien passées. C'était le bordel.

On prend les mêmes, on y ajoute les nouvelles meufs rencontrées dans l'année, et on recommence.

Généralement quand je fais une fête, tous les mecs hallucinent sur le nombre de filles présentes.

Ce sont rarement les plus moches de Paris.

En plus d'être mignonnes, elles rigolent à mes blagues relous. C'est dire si elles sont cool.

À 17h32, je commence à envoyer les textos et je crée un event Facebook.

223 invités.

Will me dit de faire attention au nombre d'amis.

Mais je sais une chose : les meilleures fêtes, c'est quand il y a énormément de monde collé dans un appart. Il faut aussi de bonnes enceintes. John se chargera de passer du son. Je prendrai le relais pour faire le beau et mettre des chansons sur lesquelles tout le monde danse. Chacun viendra avec une bouteille d'alcool. J'ai précisé sur l'event et dans les textos qu'il fallait venir avec un soft. C'est une chose que j'ai apprise au Mexique : toujours penser au soft. Parce que les shots de tequila, c'est marrant quand t'as 19 ans. Après, c'est plus dur à digérer.

Cette fois je fais les choses bien.

Pour protéger le parquet qui a été posé il y a un mois dans mon appart, je vais chercher de la moquette à 3 euros le mètre carré. Je vieillis, bordel. C'est une vraie réflexion de vieux con de penser à ça.

C'est quand t'emménages seul que tu te rends compte qu'il faut beaucoup de temps pour tenir une maison. Quand je vivais chez mes parents, je ne me souciais pas du changement de robinet, du remplacement de l'ampoule cassée, du rafraîchissement de la peinture. Un jour je rentrais de l'école et c'était réparé.

J'ai un parquet trop cool. En chêne blanchi. L'ancien a gondolé à cause d'une fuite dans ma salle de bains. Pendant deux ans, je ne pouvais plus ouvrir complètement la porte de mes chiottes à cause du parquet gonflé. Je m'y étais habitué. Mes potes aussi. Au début t'as des remarques, genre « Putain, mais Nat, bouge-toi pour le parquet ». Et puis tout le monde s'y fait. Quand on va chez Nat, on ne peut pas ouvrir la porte des chiottes en entier. Point.

Je suis comme ça. Je suis la flemme poussée à son paroxysme.

Quand j'étais petit, ma mère m'avait vu attraper la télécommande qui était posée sur la table basse avec les pieds pour ne pas avoir à me lever du canapé. Elle était restée ahurie devant ce qu'elle venait de voir. J'avais mis plus de temps à atteindre mon but, mais je ne m'étais pas levé. C'est moi.

Je vais emprunter la voiture de ma mère.

Ma mère, elle me dit oui tout le temps.

Je l'appelle, j'ai besoin de la voiture, je sais que je vais l'avoir. Elle donnerait tout pour ses enfants et petits-enfants. Elle connaît les plats que nous préférons, avec mes frères, et ceux que nous n'aimons pas. Elle sait que mon frère Davy n'aime pas le sucré-salé, elle sait que j'adore son saumon mariné, elle connaît toutes les allergies de la femme d'Ilann.

C'est la femme la plus gentille du monde, avec un gros caractère.

Ma mère, c'est une féministe. Elle nous a éduqués en nous prévenant que c'était à nous de cuisiner, de faire la vaisselle, de laver notre linge. Ça préparait notre avenir. Et ça donnait de la valeur à ce qu'elle faisait pour nous.

Du coup quand des invités viennent dîner à la maison, ils sont surpris quand ils voient Davy, Ilann et moi nous lever pour débarrasser. Ça leur paraît bizarre de voir trois mecs se lever naturellement.

Et mon père s'occupe de laver la vaisselle.

Mon père, il vient d'Afrique du Nord. Et c'était le petit dernier. Je pense qu'il n'a pas dû se lever souvent pour débarrasser.

Sauf qu'il s'est marié avec ma mère.

Du coup c'est un peu bizarre, parce qu'il fait beaucoup de choses dans la maison, mais il a parfois des relents de machisme. Ma mère lâche sur certains points. Il peut lui demander de lui apporter un verre d'eau quand tous les deux sont assis dans le salon. Et elle le fait. J'ai jamais trop compris ce truc-là. Je suis aussi loin de la cuisine que toi. Pourquoi je devrais me lever à ta place ? C'est pas comme si j'étais dans la cuisine et que de loin tu me demandais de t'apporter un verre d'eau.

Mais ils ont dû réussir à trouver leur rythme. Lui est moins macho que ce qu'il aurait pu devenir. Et elle est un peu moins féministe que ce qu'elle aurait pu devenir.

On survole un peu les sujets avec ma mère, elle ne

veut pas être trop envahissante avec nous. Mais je sais qu'elle sait tout. En fait, elle « sent » tout.

De temps en temps, elle me demande si ça va.

Quand elle sent que c'est pas le cas, elle ferme la porte de la cuisine et me demande une nouvelle fois si ça va.

Et là je craque.

Elle me prend dans ses bras et me rassure. C'est le meilleur endroit de la terre. Quand je suis dans les bras de ma mère, il ne peut plus rien m'arriver. En un regard, elle sait comment je me sens. Je n'ai pas besoin de parler.

Du coup, je ne parle pas.

Je mens tellement bien en ce moment qu'elle a l'impression que tout roule et que mon chômage est un bonheur. Ou alors elle sent tellement que je ne vais pas bien qu'elle ne veut pas me voir craquer dans ses bras toutes les semaines.

La voiture de ma mère, ce sera mieux que mon scooter blanc.

Oui, j'ai un scoot blanc. Une connerie. Je l'ai acheté d'occasion à un pote de mon frère.

Je le sentais pas, ce scoot blanc. Mais je me suis chauffé d'un coup. Et puis j'ai regretté. Comme au resto, putain. Je me suis bien fait charrier.

— Ah, c'est ton scoot ? Ah ouais... Il est blanc, quoi.

C'est la première reflexion que m'a faite Willou.

Et chaque fois que j'ai montré mon scoot pour la première fois, on m'a posé une question :

— Mais pourquoi ?

C'est marrant comme il peut exister des consensus sur certaines choses. On sait que le blanc, ça fait beauf. On ne sait pas trop pourquoi, mais c'est comme ça. On n'a pas le droit d'acheter un scooter blanc.

Et comme je ne suis pas confiant au moment de le montrer aux autres, ils en profitent. Si j'arrivais en détente, à expliquer que je m'en fous de la couleur de mon scoot et que je le kiffe comme ça, tout le monde se tairait. Mais non. Le seul scooter que les gens acceptent, c'est une Vespa. Voilà. Dès que t'achètes autre chose qu'une Vespa, t'es un beauf, une kaïra, et quand en plus tu l'achètes en blanc, c'est la fin du monde.

J'installe la moquette noire dans mon appart. Ça défonce tout.

Il est 19 h 03. Je regarde l'event Facebook et mes réponses par textos. Ça s'annonce bien. Un samedi soir de décembre, c'est une bénédiction pour mes contacts d'avoir une fête d'appartement. Y a rien de mieux. Il y aura une centaine de personnes.

Anouk sera présente. Cécile aussi. Une qui commence à être officiellement ma meuf, et un plan cul. J'ai le choix. Propre.

À 21 h 16, je commence à m'inquiéter.

Comme toujours.

Le début de soirée, c'est une angoisse.

Stachmou est arrivé le premier avec des bières. Il est bon Stachmou. Il a une bonne dégaine. Il aurait dû naître à NY dans les 70's.

John arrive quelques minutes plus tard.

On est trois mecs.

Comme des cons.

On patiente.

Est-ce que la soirée va décoller ? Cent personnes doivent venir, c'est pas possible qu'elles annulent toutes en même temps.

— Ah bah quel succès tes fêtes, Nat... Tu nous avais prévu un ratio de soixante-huit pour cent de meufs...

— Au pire, on peut appeler ta mère.

C'est un truc entre nous, on se charrie toujours sur nos mères. Quand on se demande « Tu fais quoi là ? », la première réponse qui fuse, c'est « Bah jbaise ta mère, frère ».

La meilleure vanne sur nos mères, on la doit à Jerem et sa nouvelle doudoune.

— Putain, Jerem, elle est mortelle ta nouvelle doudoune, ça sort d'où ?

— C'est pour nos un an avec ta reum.

On en est à ce niveau-là de blagues sur nos mères. On en est à établir des relations virtuelles longue durée avec nos mères à tous.

On ne se permet pas ça avec tous nos potes parce que Will par exemple, il pourrait très très mal le prendre. Je comprends. Mais quand on charrie nos mères, c'est des personnages abstraits, donc on se permet tout.

« Tiens, garde la monnaie, tu la fileras à ta mère, je ne l'avais pas complètement payée la dernière fois. »

« On va où les mecs ce soir ?

Bah, moi je vais dans le culdtamère. »

C'est toujours pareil les débuts de soirée. Ça commence lentement. Et puis ça s'excite.

En trente minutes, l'appartement s'est rempli.

— Putain, mais Stachmou, t'as bouffé quoi mon frère ? Tu puuuuues de la gueule, c'est un attentat.

— Je sais, j'ai pris un truc qu'il y avait dans un sachet posé sur ta cuisine.

— Ah le con, c'est de la préparation pour sauce arrabiata, mes parents m'ont rapporté ça d'Italie. C'est de l'ail séché, mec. Vas-y, je prête jamais ma brosse à dents, mais va te laver les dents, mec, j'ai de la peine pour toi.

Anouk est déjà là. Elle s'enchaîne deux vodkas-Get-Perrier.

C'est la spécialité de notre bande. On a arrêté les vodkas-pomme, ça nous rappelle trop nos soirées étudiantes.

— Ah bah au moins, on sait pourquoi t'es venue, toi.

Il est 22 h 03, elle me regarde en continuant à se servir son verre. Elle ne répond rien, mais me fixe dans les yeux.

Ouais, elle sait pourquoi elle est venue.

C'est fou comme le temps passe vite dans ces soirées. Tout le monde commence à être bourré.

Gentiment.

L'ambiance est géniale. Tout le monde a le sourire. Et pas mal de monde reste dans la cuisine.

À force de faire des soirées appart, j'avais eu l'idée d'ouvrir une boîte.

Elle s'appellerait The Kitchen, juste une énorme cuisine. Parce que les gens restent toujours dans la cuisine dans les fêtes d'appartement. C'est là qu'il y a la meilleure ambiance, c'est là que tu peux commencer à parler aux filles, à créer un lien, à rigoler. Et puis à deux mètres, tu te retrouves dans le salon et tu peux danser, conclure.

Chez moi ça sent le cul. C'est comme ça. Tous mes potes m'ont toujours dit ça.

À chacune des soirées qui se passent chez moi, ça s'embrasse.

Dans la chambre, dans la cuisine, dans le salon.

C'est bizarre. Tout le monde le ressent. Mes copines et mes potes.

La salle de bains donne le ton. J'ai basé la baignoire qu'il y avait avant mon arrivée et j'y ai installé une énorme douche avec une sorte de baie vitrée. Et pas de verrou sur la porte. Quand tu t'y douches, ça fait un truc particulier.

J'ai fait faire une douche tellement grande que l'ouvrier m'avait dit : « C'est bon, on peut rentrer à douze dans ta douche... c'est ce que tu voulais non ? »

Je n'avais rien répondu, j'avais juste souri, mais c'était un peu l'idée, ouais.

J'ai même une fille qui était venue dîner chez moi une fois, elle devait rentrer chez elle après, et une fois qu'elle était allée se laver les mains dans la salle de bains, elle avait changé d'avis : « Je pense que je vais rester là ce soir, finalement. »

Le pouvoir d'une douche. Hallucinant.

Faudrait que je pense à avoir des photos de ma douche dans mon iPhone pour pouvoir les montrer aux meufs quand je suis en boîte.

John envoie du gros son.

Anouk commence à me regarder.

Cécile commence à me regarder.

Anouk voit Cécile me regarder.

Sauf que moi je n'arrive plus à regarder personne.

Je suis bourré.

La moquette me rassure. Je sais que demain ça ne sera pas trop le bordel, que j'aurai juste à la replier avec toute la merde à l'intérieur. Que ça formera une sorte d'énorme poubelle.

Je passe devant la porte de l'appart. Y a une meuf au téléphone que je ne connais pas. Elle crie dans son téléphone :

— Ouais, OUAIS, OUAIIIIS, deuxième étage, ouais, je t'ouvre.

Je la regarde en souriant.

— Ah merde, on est chez toi ?

— Oui, mais vas-y, te gêne pas, ramène qui tu veux.

Elle sourit.

Deux minutes plus tard, je vois mes potes Tic et Tac parler à un trio de Suédoises qui vient de débarquer de nulle part. Je crois que c'est la meuf qui gueulait dans son téléphone près de la porte qui les a ramenées. Tic et Tac me lancent des regards qui veulent dire merci.

J'adore.

Les gens sont heureux.

Sauf que j'ai l'impression de passer la soirée seul à force d'aller parler à tout le monde deux minutes.

Anouk est là, mais elle ne me montre pas énormément d'attention.

Au pire, Cécile m'attend.

Ma bande de copines débarque vers 1 heure, elles sont dix. Elles ont un nom de crew.

C'est con d'avoir un nom de groupe.

Y avait des meufs dans mon lycée qui se faisaient appeler les Chupa Chups. À la fac, le petit groupe de meufs s'appelait les Schtroumpfettes. Et mes copines, c'est les Chatons.

Jamais un groupe de mecs n'a eu un nom de groupe.

Les voilà dans l'appart. Dix meufs déchaînées. Elles viennent toujours les mains pleines de bouteilles.

Tic parle à Alice.

Tac était sur Alice en début de soirée.

Tic va sûrement faire une putain de Schumacher à Tac.

Une Schumacher ou une Schumi, dans notre bande, c'est quand t'es sur une meuf, que tu la dragues, mais que l'un de tes potes est plus rapide que toi, qu'il te passe devant, et que c'est finalement lui qui rentre avec elle.

Ça ne s'arrête jamais.

Du monde, toujours du monde.

J'ai toujours pensé qu'on a les amis qu'on mérite. Et quand je vois les miens, je me dis que je suis un mec bien.

Je m'arrête deux minutes pour tous les regarder. J'ai la gorge nouée. Je dois être vraiment ému.

Ou je suis peut-être juste vraiment trop bourré.

Je n'arrive pas trop à faire mon choix entre Anouk, Cécile et la petite brune que je n'ai jamais vue avant mais qui a l'air de bien s'amuser.

La petite brune vient me dire au revoir.

J'ai du mal à ouvrir les yeux.

OK, au revoir.

Et puis merde.

Anouk n'avait qu'à me montrer plus d'attention.

Je suis pas à ses pieds.

Les portes de l'ascenseur viennent de se refermer, je cours dans l'escalier. Enfin j'essaie de courir. Pas facile les escaliers en colimaçon qui glissent à cause du vomi d'un de mes invités. Pourquoi les gens ne prennent pas le temps de vomir aux toilettes ?

Moi quand je vomis parce que je suis bourré, je fais ça avec élégance. J'enlève ma chemise, je me mets à genoux et je lève la lunette.

J'arrive en bas avant la ptite brune.

Les portes de l'ascenseur s'ouvrent.

Je l'embrasse.

Elle remonte.

Bingo.

Elle est bonne, bordel.

Je ne sais toujours pas qui est cette fille, mais elle est bonne.

Pas belle, non, bonne.

En remontant, Anouk doit bien sentir le truc, ça la vexe.

Rhooooo, ça la vexe.

C'est bizarre, elle ne me fait rien de spécial Anouk, j'ai pas un feeling incroyable avec elle. Elle ne ressemble pas du tout à ce qui m'attire. Mais elle est là. Et je suis scotché.

Elle m'attrape par les cheveux devant tout le monde et m'embrasse. Sur le moment, j'ai l'impression qu'elle en a vraiment envie.

Mais je pense surtout que c'est elle qui est en demande, et ça la rend folle.

Il peut y avoir quinze meufs rien que pour moi ce soir, mais elle veut sentir que c'est elle qui décide.

Je suis tout bourré donc je me laisse faire.

C'est le bordel.

Vraiment le bordel chez moi.

Je ne comprends plus rien. Plus personne ne comprend plus rien.

Je me mets derrière les platines. Je balance « Magnolias for ever » de Claude François en premier titre. C'est le carton assuré dans une teuf d'appart. Ça fait une heure que John envoie de l'électro pointue avec ses potes dj.

Je suis tellement bourré que je coupe le son au moment du refrain, mon appartement devient un karaoké géant. C'est rare de voir autant de personnes avec le sourire au même moment. Ils ont les bras en l'air, chantent le refrain en criant. C'est le pic de la soirée. Je comprends plus rien, merde.

La meuf de John se met à lécher les seins de sa coloc devant tout le monde. Hallucinant.

Enfin, les filles sont hallucinées.

J'avoue que les mecs regardent ça avec scepticisme. Parce que c'est bon de voir une meuf lécher les seins d'une autre meuf. Mais là, c'est la meuf de John et sa coloc.

Chelou.

Mon appart sent le cul, j'y peux rien, c'est comme ça.

Laptitebrune se barre. Je ne comprends toujours pas d'où elle sort ni comment elle s'appelle.

Anouk part aussi.

— Ah ouais, tu pars ?

— Ouais, je suis crevée.

— C'est une blague ?

— Non mais sérieux, vas-y, c'est bon là, on va pas s'embrouiller.

— Bah si.

Putain d'agressivité de merde.

Cécile m'attend. Avec une de ses copines.

Pourquoi en deux minutes il n'y a plus personne dans l'appart, là ?

C'était pas il y quinze minutes, « Magnolias for ever » ?

Ah merde, il est 6 heures.

Cécile et sa pote me parlent.

Les trois chatons encore présents cherchent les dernières bouteilles de champagne à finir. Julie se souvient qu'elle a caché une bouteille en début de soirée dans mon armoire. Je l'accompagne dans la chambre.

— Hé, je vous kiffe les copines hein, mais barrez-vous, là, j'ai un plan de ouf.

— Ça va, on finit la bouteille, Nat.

— T'as raison, ouais. Finissez-la dehors steuplaît, je suis mort, là.

Il est 6 h 30.

Anouk m'envoie un texto.

Elle me propose un déjeuner le lendemain.

J'ai déjà quelque chose de prévu.

Je l'appelle. Je suis bourré. Je ne me souviens pas très bien de ce que j'ai pu lui raconter. Ni de pourquoi elle voulait que l'on déjeune ensemble.

En revanche, je me souviens assez bien du cadeau de Cécile et de sa copine.

18

rêvedegosse

Lundi 3 février 1992
Lundi 13 décembre 1993
Samedi 4 mars 1995
Vendredi 6 juin 1997
...

Je fais souvent le même rêve. Depuis mes premiers souvenirs de rêve.

Je suis dans une formule 1.

Premier de la course.

Jusqu'à ce que je pense être le dernier tour.

Je crie victoire. Je m'arrête au stand.

Au bout du stand, je vois mon frère Ilann devant moi qui hurle :

— Continue, c'est pas fini !!!! C'EST PAS FINI NAT, C'EST PAS FINI !

Je suis pris de panique, je ressors des stands en essayant de reprendre de la vitesse. Au fond de moi, je sais que j'ai perdu l'avance que j'avais sur les autres.

Pas besoin d'aller taper sur Google « signification rêve formule 1 course pas finie frère » pour en comprendre le sens.

Ilann, c'est le frère qui me pousse à aller plus loin depuis mon plus jeune âge. C'est grâce à lui que j'ai des idées. Sans le vouloir, il m'a façonné comme ça.

Mardi 23 février 1993

J'ai 9 ans. J'écoute Ilann.

— Tu vois, Nathy, dans la vie, si tu veux gagner de l'argent, tu peux être avocat, médecin, etc. Mais si tu veux gagner beaucoup d'argent, faut inventer le Monopoly. Faut avoir *la* bonne idée. Au bon moment.

J'ai toujours vécu facilement parce que mes parents en avaient les moyens. Je n'ai pas connue la période qu'ont connue mes frères pendant laquelle mon père commençait sa carrière, qu'ils vivaient à quatre dans un petit appartement de banlieue et qu'ils partaient en vacances dans le Sud en 205 Junior. La 205 avec les sièges en jean.

— Hé Jean-Mi, j'ai une idée de ouf. Ce serait pas mortel de faire des sièges en jean ?!

— Putain mais c'est du génie ça !

Y a vraiment des cons chez les designers de voitures.

Moi quand je suis arrivé, j'ai tout de suite vécu dans une grande maison, avec ma chambre à moi et un immense jardin. Du coup, ça ne m'a jamais fait peur de prendre des risques. D'essayer des choses.

La phrase d'Ilann résonne en permanence en moi depuis ce jour de février. Trouver *la* bonne idée. Ça c'est mon truc. Inventer le Monopoly, ça touche la vie des gens. C'est ça, le vrai génie.

Le rêve que je fais depuis mon plus jeune âge me rappelle qu'il faudra toujours que je me tape plus qu'un autre pour satisfaire Ilann.

Que j'aurai beau lui présenter un début d'idée, ce ne sera jamais assez.

Ça me pousse à être plus performant, à toujours essayer de trouver *la* bonne idée. Je ne l'ai pas encore eue. Chaque fois que je lui parle d'un projet télé, d'une idée de boîte, il trouve ça bien, mais pas dingue.

Et ça me rend fou. Fou de ne pas pouvoir satisfaire mon frère.

Avec Davy c'est différent. C'est l'aîné. Il a la sagesse de l'aîné. Il me dit ce qu'il pense en une phrase. On ne parle pas beaucoup de nos problèmes. Il y a une trop grande différence d'âge, de génération. On est des timides tous les deux et on est deux opposés. Moi je suis le ptit con qui fait « le pitre en classe ». Lui, dès qu'il y a plus de cinq personnes, il reste en retrait. Il observe. Si on n'avait pas été frères, je ne sais pas si on aurait pu être potes. Il m'aurait pris pour un ptit con.

C'est pour mes frères que je veux réussir. Pour qu'un jour ils puissent me dire : « On est fiers de toi, petit. » Pareil pour mes parents. Je n'attends qu'une chose : « On est fiers de toi, petit. »

Et pour le moment, je suis au chômage, j'arrive à les enfumer, mais il va falloir que je me bouge.

Mon père voit bien que je n'avance pas vraiment.

Pourtant il n'ose plus me poser de questions. Ma mère sait que c'est provisoire et ne s'inquiète pas pour moi. En fait, j'aimerais que ma mère se fasse un peu de souci pour moi.

Et que mon père s'en fasse un peu moins.

Pour le moment, je vis ma vie de petit dernier.

Toutes les portes ont été enfoncées par mes frères aînés, j'ai toujours fait ce que j'ai voulu, et jusqu'à la fermeture de la boîte c'était le parcours sans faute : prépa, Dauphine, boulot en moins d'un mois après la fin de mes études, passé de stagiaire à directeur en trois ans.

Le gosse rêvé.

Ils ont peut-être l'impression qu'ils peuvent continuer à me faire confiance.

Faudrait peut-être que je ne perde pas la mienne.

19

justeunemiseaupoint

Le seul qui a l'audace de me dire que je me trompe de chemin, c'est Will.

Ça l'agace de me voir passer mon temps à organiser des soirées. Il a une conception du travail à l'ancienne. Selon ses convictions, faut se taper douze heures par jour au boulot pour réussir.

Will, c'est mon pote réal. Il a connu le chômage lui aussi. Il bossait dans une boîte de prod musique. Celle qui a produit les Village People. Il n'était pas né à l'époque, en revanche, dans les années 1990 et 2000, cette boîte a sorti un nombre hallucinant de tubes. Il était directeur artistique à 23 ans.

Et puis un jour, le fils du boss est venu le voir. Plan social. *Bam*, il a sauté.

Du coup, pendant quatre mois, il a profité de son chômage pour faire le tour de l'Amérique du Sud. Il est revenu avec plein d'anecdotes et l'esprit assez clair.

Il était temps pour lui de prendre un risque et de réaliser son rêve.

Il a ouvert sa boîte de prod vidéo.

Lui, son rêve, c'est de faire un long métrage. Il a au moins quarante scénarios qui dorment dans son ordinateur. Il n'a dû m'en montrer qu'un ou deux. Il a un trop grand respect des anciens, du talent des Scorsese et Tarantino. On a l'impression qu'il ne peut pas se permettre de faire un film vu ce qu'il s'est fait avant lui.

Alors que moi je me fous des anciens. Si d'autres l'ont fait avant moi, c'est que c'est possible.

Bizarrement, quand Will me parle, ça ne sonne pas comme des conseils, plutôt comme des jugements. Mais c'est toujours dit avec beaucoup d'attention. C'est relou mais ça montre toute l'importance qu'on a à ses yeux. Comme c'est mon meilleur pote, j'écoute, j'intègre et j'essaie de décoder sa façon de parler.

Au bout de quatre mois de bomage, il me prend à part.

— C'est quoi alors ton idée ?

— Bah, c'est une appli iPhone qui permet aux meufs de partager en photo ce qu'elles ont repéré en magasin.

Je sais très bien que je lui ai déjà parlé de l'idée, mais sa question n'est qu'une introduction aux propos qu'il va me tenir.

— Franchement, Nat, tu fais n'importe quoi, là, c'est pas ta came ça. Tu sais que t'aimes pas ça, tu te trompes de chemin, t'organises des soirées foireuses, t'as aucun projet de vie.

— Non sincèrement, c'est pas mal comme idée.

J'essaie comme je peux de me défendre face à lui.

C'est dur d'entendre son meilleur pote fracasser le projet sur lequel tu bosses. Même si je sais que je me cache derrière ce projet tant que je ne sais pas ce que je veux faire de ma vie.

— Je te vois depuis quatre mois, tu pars dans tous les sens. Faut que tu te recadres, t'as pas de projet, tu touches un peu à tout sans jamais aller au bout des choses, réveille-toi, Nat.

BOUM.

Ah ouais, dur.

Moi je me fous de votre gueule depuis quatre mois ? Je me mens depuis quatre mois ?

Impossible.

Non, non, mon projet d'application iPhone, il est canon, et *Boloss Boloss* aussi ça défonce. On va aller au bout de ces idées, je vais tout fracasser.

Enfin, je crois...

Faut juste que je m'y mette, quoi.

Je dois avancer sur... Faut que je commence à... Je dois caler un rendez-vous avec...

Tous mes amis bomeurs sont dans le même cas.

J'ai fait une liste de tous les projets sur lesquels ils étaient en train de bosser.

En un an, ils ont eu 243 projets, putain de merde. Un toutes les deux semaines plus 217 en soirée un peu bourrés.

— Non mais là... là... sérieux là... ça putain... c'est une bonne idée tu vois, je vais lancer la mode de... la mode des chaussures de bowling à la mode tu vois, c'est sûr que ça marche ça... Tous les connards de Parisiens, là, ils vont kiffer, je suis sûr.

Aucun de ces projets n'a vu le jour.

Normal. La seule façon d'avancer, c'est d'avoir la pression du dernier moment.

Un peu comme lorsque je devais remettre mon mémoire de fin d'année le 12 juin et que je m'y mettais le 9 alors que toutes les meufs consciencieuses de ma fac n'avaient plus qu'à le faire relier chez CopyTop.

Pour repérer les futurs bomeurs encore étudiants, il suffit d'aller à la poste du Louvre. La seule poste ouverte 24 h/24, celle qui te permet d'avoir lecachet-delapostefaisantfoi le plus tard possible.

Dans ma vie professionnelle, j'avais toujours une date butoir.

À la limite, je pouvais décaler un rendez-vous client de temps en temps, mais j'arrivais toujours à trouver la bonne idée au dernier moment.

Maintenant, je n'ai aucun dernier moment.

Un agenda à pages blanches.

Pas de début d'année, pas de fin d'année, pas de boss, pas de collègues. Rien.

Je dois me prendre en main. Tout seul.

Si le réveil sonne et que je suis fatigué, je n'ai aucune obligation me forçant à me lever. Si je ne trouve pas le nom de la start-up que je veux monter, cela peut prendre quatre mois.

Personne ne m'attend.

Personne n'attend un rendu de ma part.

En gros, si je veux me chier, je me chie.

Et je ne pourrai en vouloir à personne.

20

statutsocialvirtuel

Jeudi 10 janvier 2013

J'ai les 30 ans de la femme d'un pote de John.

C'est loin.

En banlieue.

Mais on m'a invité. Je n'ai pas trop le droit de dire non. Ça me fait plaisir d'être là. Même si je rate une autre soirée avec mes amis.

Ils m'envoient des textos, ils sont en train de boire des coups Chez Prune tandis que je suis dans une soirée de trentenaires qui n'ont pas vraiment envie de danser, qui veulent seulement discuter, se raconter leur vie, leurs gosses.

— Ça me fait trop plaisir de te voir, Jérôme, ça fait une éternité !

— Bah ouais, mais tu sais, toi et moi on n'a pas la même vie...

Sur le coup, je ne comprends pas vraiment.

Il est marié, OK. Il a des gosses, OK. On n'a pas

la même vie, OK. Mais je sais que sa réponse veut dire autre chose.

En fait, il ne connaît pas ma vie. Il voit seulement ce que je veux bien montrer sur mon profil Facebook.

Ma vie de bomeur.

Depuis l'arrivée de Facebook et d'Instagram, j'ai compris que tout le monde ne montre de sa vie que ce qu'il veut bien.

Par exemple, quand un couple se sépare, tu vois apparaître un combat de photos de « je vais bien ».

« Je vais bien en soirée avec mes potes, y a une tonne de meufs à côté de moi. »

« Je vais bien en soirée avec mes copines, on se fait des tournées de shot. »

« Je vais bien, je suis en week-end à Lisbonne avec ma meilleure amie, je mets deux photos de début de soirée, prends-toi la tête à imaginer le reste du trip. »

« Je vais bien, je suis avec un mec sur ma photo de profil dans une position chelou voire un peu trop intime, mais je ne l'embrasse pas, à toi de te prendre la tête pour essayer de comprendre ce qu'il se passe. »

Tu ne verras jamais la fille pleurer toute seule dans son appartement. Tu ne verras jamais le mec en train de se branler sur Youporn les larmes aux yeux en se disant qu'il est vraiment une merde et qu'il était fou amoureux de son ex.

Sur Instagram, application où les gens postent des photos de leur vie, c'est la même chose. Tu n'as que des moments de vie joués. Il faut montrer au plus grand nombre que ta vie est plus cool que celle des autres.

Un putain de problème d'ego générationnel.

Quand t'es dans ton salon un vendredi soir à 00 h 38 devant Arthur et ses potes sur TF1 et que tu vois passer des photos de gens qui sortent d'un concert, de bandes de copines en train de se faire une tournée de shot en se marrant, d'une meuf et de son mec qui se prennent en photo un cocktail à la main dans un bar de plage à Rio, de la nouvelle paire de Nike reçue par ton pote de la part d'un sombre collectif branchouille... tu te dis que ta vie c'est de la merde.

Je sais même pas pourquoi je regarde des photos de gens qui ne sont pas vraiment mes amis.

Qu'est-ce que j'en ai à foutre de savoir que Camille était ce soir en train de dîner avec Sophie dans ce petit resto coolos parisien ?

Qu'est-ce que j'en ai à foutre de ce joli vélo vintage pris en photo contre un mur plein de graffitis à Belleville ?

Qu'est-ce que j'en ai à foutre de la vue du rooftop sur lequel Étienne et Tonio sont en train de boire un verre ?

En fait, t'as même plus le droit de ne rien faire tranquillement chez toi tellement les autres se chargent de te montrer qu'ils sont en train de vivre un moment génial... et pas toi.

Ça me rappelle les moments où j'étais en période de partiels à la fac. Quand je me mettais à regarder Roland-Garros et que je ne pouvais pas être complètement détendu, parce qu'il y avait toujours une petite voix intérieure qui me disait :

— Oh, tu devrais pas réviser, là ?

— Ouais ça va, je me mate juste ce jeu.

— Eh oh, il est pas fini depuis dix minutes, le jeu que tu regardais ?

— Ouais ça va, je mate juste la fin du set.

— Eh oh, il est pas fini depuis quatorze minutes, le set ?

— Ouais ça va, c'est la première fois que Cédric Pioline arrive en quarts de finale. C'est historique. Je mate la fin du second set.

— Eh oh, t'es une vraiment une merde, putain !

— Ouais ça va, mais il est ouf le match, je m'en fous, je le mate jusqu'à la fin.

— À TAAAAAAAAAAABLE !

— Ouais ça va, je bosserai après le dîner ! Maman, c'est toi qui me parles depuis ttalheure ?

Bref, tu ne me verras jamais bader sur mon chômage.

Depuis que je suis sur Facebook, tu peux suivre les soirées auxquelles je vais, je balance des liens vers des vidéos Youtube de musique hype, des articles drôles que je pense être le seul à avoir trouvés, des statuts marrants sur la vie de tous les jours. Je ne montre définitivement pas la vie d'un chômeur. Bien plutôt celle d'un bomeur. Un chômeur qui reste vivant. Un chômeur qui ne s'excuse pas d'être au chômage.

Quand Lola m'a ajouté sur Facebook, elle a checké mon profil.

En 586 photos, 320 statuts et 1 780 friends, elle en a déduit que j'étais un connard.

Un connard prétentieux.

Pour mes 1780 friends, j'ai une vie cool. Ils ne me voient pas bader le dimanche soir, seul chez moi devant mon ordinateur, une rediffusion de « Zone interdite » en fond sonore, et mon paquet de clopes vide sur la table basse.

Je ne vais pas poster des photos de mon rendez-vous Pôle emploi à 9 h 30 à Belleville en plein hiver avec mon arrivée en scoot sous la pluie.

En fait, j'ai un statut social virtuel cool.

Et un vrai statut social de merde.

21

slize

Ted avance sur son projet de pizzeria au mètre. Il a bien compris que *Boloss Boloss* n'était plus notre priorité. Ça l'a fait rire quelques mois, mais il doit se concentrer sur quelque chose de concret.

Il en train de visiter des lieux. Bosse sur son business plan. A rendez-vous avec des banques pour son prêt. Nous demande des conseils sur la déco, sur le système de tarification, il construit son projet en intégrant tous les potes.

Le problème avec ce genre de mécanisme, c'est que tu t'embrouilles la tête à demander l'avis de tout le monde. Il faut savoir à qui demander conseil pour avoir les bonnes réponses. Mais c'est notre façon de réfléchir. On marche en bande. On se voit au moins une fois par semaine. On s'appelle. On se textote. On ne peut pas vivre sans notre bande. Nous ce qu'on veut, c'est qu'il y en ait un qui réussisse et que tout le monde se mette dans sa roue pour avancer.

Je suis obligé de me comparer à lui. Mes projets n'avancent pas.

Rien de malsain, c'est juste qu'il est à mes côtés, que c'est mon compagnon de bomage. Et que je me retrouve seul face à moi-même.

Pour trouver le nom de son resto, il nous a envoyé un mail groupé. On est quarante dans la liste des destinataires. Chacun y va de sa proposition.

— Pizza Metro.

— Les Fils du pizzaïolo.

— Pizza Taylor.

— Papa Livio-Livio, c'est l'inventeur du mètre.

— La Famiglia.

— La Mama est une salope – alors OK ça fait un peu film de cul, mais ça sonne vachement bien.

— L'Entre-Couilles.

Et voilà, c'est parti, on va recevoir 212 mails de conneries.

Davy fait partie de l'échange. Il recadre directement tout le monde en nous rappelant que Ted nous a sollicités pour un vrai projet.

Il a raison.

Mais on reste des gamins. On sait que ça fait quand même rire Ted de recevoir ce genre de mails.

Teddy, pendant le rendez-vous le plus important de sa vie, il va sortir une connerie juste pour te faire rigoler. Il n'a aucune limite.

Quand il est allé chez le banquier obtenir un prêt pour la pizzeria avec Romain, son associé, dès que le banquier avait la tête tournée, Ted mimait une fellation.

Et puis vient la révélation. Le nom qui met tout le monde d'accord.

J'ai toujours pensé que la créativité n'était pas réservée aux créatifs. Tout le monde peut avoir *la* bonne idée au bon moment.

C'est Gordon, le grand frère de Teddy, qui le trouve. Gordon, c'est son nom, et ça lui va parfaitement. C'est le plus vieux de la bande. Il bosse dans une grosse boîte sérieuse qui informatise des process de gestion de comptabilité d'audit en finance de marché pour les services publics de... ouais en fait on sait pas trop ce qu'il fait.

C'est juste le seul de notre bande de jeunesse qui a trouvé un vrai travail.

Nous, on est tous restés des jeunes cons. Lui, il vient d'avoir son deuxième gosse. Pourtant ça reste un con, hein. C'est une famille de cons, lui et Ted. C'est affectueux quand je dis que ce sont des cons. Ils sont drôles, quoi. Ils n'ont pas de limites. Quand ils sont lâchés, c'est fini, tu ne peux plus les récupérer. Des cons quoi.

— SLIZE. C'est la slice de pizza à la size.

Magnifique. Ça me fait toujours rêver de voir des éclairs de génie chez mes potes.

On est tous d'accord. Il n'y a aucune remise en question. Le nom nous paraît évident. Et quand t'as une évidence comme ça, il ne faut pas commencer à chercher ce qui pourrait ne pas aller. À force de chercher ce qui ne va pas, tu trouves ce qui ne va pas.

Ted fait appel à un duo de jeunes architectes d'intérieur. Des briques rouges, du papier peint avec des têtes de perroquets pour le mur du fond de la salle, une partie du sol en carreaux noirs et blancs. En quelques dessins, on sent que l'ambiance ne sera pas prise de tête.

Ted nous fait tous participer au projet. Je pense qu'il a besoin de nous voir excités pour prendre de l'énergie. Ça l'oblige à ne pas nous décevoir. Il doit aller au bout. Il sait que nous serions dégoûtés de ne pas avoir notre resto de bande.

En quelques mois, je ne comprends rien à ce qui se passe autour de moi, et je me retrouve à sa soirée d'ouverture.

Merde, j'ai l'impression d'avoir raté le train.

Je le vois avec un sourire incroyable. Toute la bande est là. Même Anouk passe faire un bonjour. On est obligé de l'aimer, Teddy. Il a toujours le sourire. C'est un vrai gentil. Un vrai mongol, aussi. C'est ce qui le rend attachant. Même quand il te met dans la merde en une phrase devant tes parents ou ta meuf, tu ne peux pas lui en vouloir, parce qu'il arrivera toujours à te sortir une vanne juste après qui détendra l'ambiance.

Donc tout le monde est là.

Ted qui ouvre son resto, tu es obligé d'y passer.

Ça fait plaisir à tout le monde. Même Will vient, alors qu'ils se sont embrouillés il y a trois mois. Il est comme ça, Will. Il ne parle pas. Mais tu comprends. Sa présence signifie : « Ça va, excuse-moi, on va pas tout gâcher pour ça. » Il est touchant dans sa maladresse, Will.

Davy et Ilann sont là, Stef et mon cousin Antho aussi.

Je me fume une clope.

Il pleut.

Je reste un peu à l'écart.

Il y a toujours une goutte de pluie pour tomber pile sur ta clope, t'obligeant à t'en allumer une autre. Cette soirée me met dans la gueule que je n'avance sur rien. Mais je suis heureux de voir Ted heureux.

Quand quelqu'un de proche réussit, ça donne l'impression que nous aussi nous aurions pu réussir. Alors que ça n'a aucun lien.

Une fois j'avais croisé un des membres des Nous C Nous, le premier collectif d'humoristes dont faisait partie Jean Dujardin. En voyant le mec aux lunettes traîner dans un festival de courts métrages pourri en province alors que Dujardin venait d'obtenir son oscar, je me suis mis à imaginer ce que ce mec devait se dire. C'est sûr qu'il devait penser qu'il avait été à deux doigts d'avoir la carrière de Dujardin. Alors que pas du tout, c'est juste qu'il a moins de talent que Dujardin. C'est juste qu'il était à côté de lui à ses débuts.

C'est démoralisant.

Peu de gens sont vraiment heureux pour le succès de leurs proches. Justement parce que ça les renvoie à leur condition personnelle.

J'ai remarqué ça quand j'ai commencé à avoir des succès chez Nouveau Jour, quand j'ai commencé à bien gagner ma vie pour mon âge. Même le « Ah bravo, c'est génial » sonne comme un « Putain mais pourquoi moi je galère ? »

Ça me faisait quand même un peu de mal de voir que certains de mes meilleurs amis pouvaient réagir comme ça. De la jalousie. C'est comme ça qu'on te reproche d'avoir pris la grosse tête, juste parce que tu montres que tu t'éclates dans ton boulot et que tu gagnes bien ta vie.

Faudrait réussir et fermer sa gueule.

Au bout d'un moment, tes potes sont soûlés que tu leur offres des verres en soirée. Je m'éclatais dans mon boulot et au lieu de procurer du plaisir à mes potes, ça leur mettait dans la gueule qu'ils galéraient.

Les gens préfèrent écouter un loser plutôt qu'un mec qui réussit. Ça leur permet de se valoriser. De se dire que leur situation est quand même meilleure que celle de leur pote.

Quand ça va mal avec ta meuf et que tu passes la soirée avec un pote qui vient de se faire baser, tu rentres chez toi avec un sourire inconscient. Bizarrement, tout te paraît super simple.

« Ah ouais, il est dans le trou le mec... Moi je suis au top, en fait. »

En fait, l'enrichissement des uns engendre l'appauvrissement des autres, la réciproque marche aussi. C'est Jean, le meilleur ami de mon frère Ilann, qui m'avait dit ça une fois.

Jean est kiné, et le week-end il lit des livres de management. Il est petit comme moi. On s'en parle souvent. De l'impact qu'a notre taille sur notre psychologie. Même à 36 ans, père de deux enfants, avec une belle réussite professionnelle, le mec se pose les mêmes questions que moi sur sa taille.

Quand le canapé que j'avais réussi à obtenir pour mon pôle était arrivé au bureau, une appauvrieparmonenrichissement m'avait fait une réflexion.

— Ah ouais, tranquille, t'as un canapé dans ton bureau, toi.

— T'inquiète pas, il n'est pas à moi, tu pourras venir poser ton gros cul dessus si tu veux.

C'est la même mécanique que le connard qui raye une Mercedes. Plutôt que de se dire « Je vais cravacher pour obtenir la même voiture », il préfère casser le plaisir de l'autre.

Je me refuse à être envieux de Ted. Je me remets juste en question personnellement.

Sans en parler à personne.

Je continue à sourire, mais je vis la scène en spectateur.

Mon prof de français de seconde m'avait prévenu :

— Nathanaël, arrêtez de vendre du vent.

Will et mon prof de français ont raison.

Ted vend des pizzas et moi je vends du vent.

Putain, on est dimanche, je vais avoir du mal à dormir ce soir.

22

lemecdepôleemploi

Tous les mois, en tant que bon chômeur, je dois m'actualiser auprès de Pôle emploi. Ça peut se faire par papier, par téléphone ou même par Internet.

L'actualisation par Internet, c'est les cinq clics les plus chers du Web. On te pose des questions auxquelles il faut répondre « non », pour que ton « salaire » soit versé sur ton compte bancaire et que ta banquière arrête de te harceler.

Un peu comme quand tu rentres aux États-Unis et qu'on te fait remplir un questionnaire où tu sais qu'il faut répondre « non » quoi qu'il arrive. Sous peine de te retrouver avec des flics américains en lunettes Persol qui te gueulent « Freeeeeeze, don't moooooove » à l'aéroport JKF de New York.

— Avez-vous déjà été impliqué dans des activités terroristes ?

— Ouais, mais juste une fois. J'avais déposé un pétard dans une merde de chien devant la maison d'un voisin de mes grands-parents. C'était avec mes cousins, l'idée nous était venues tandis que papi et mamie s'étaient endormis devant une rediffusion de *Derrick*. Ça rend fou une rediffusion de *Derrick*, c'est pour ça.

— Avez-vous déjà fait du trafic de drogue ?

— Je vous jure que j'ai jamais acheté de shit. Par contre, j'ai des potes qui s'en procurent régulièrement, je vous balance les noms direct si vous voulez. Mais laissez-moi entrer sur le sol américain, je veux trop aller poster des photos de Williamsburg sur Instagram.

Bah là, c'est pareil pour Pôle emploi.

— Avez-vous travaillé ?

— NON. Enfin en vrai, si, j'ai fait quelques soirées où j'ai pris 200 balles en cash. Mais je peux pas vous le dire sinon vous allez faire baisser le tarif de ce que vous me donnez chaque mois.

— Avez-vous été en stage ?

— NON, le dernier stage que j'ai fait, c'était il y a cinq ans, et là je vous avoue qu'avec mon loyer, mes soirées, mes fringues, mes vacances, je peux pas me permettre de ne gagner que 360 euros par mois.

— Avez-vous été en arrêt maladie ?

— NON. Ptite angine en début de mois mais rien de grave, vous inquiétez pas, non franchement, ne vous en faites pas pour moi.

— Percevez-vous une nouvelle pension retraite ?

— NON, j'en perçois même pas d'ancienne je crois.

— Percevrez-vous une nouvelle pension d'invalidité de 2e ou 3e catégorie ?

— NON. De 2e ou 3e catégorie ? Non non, je crois pas. Et juste pour ma culture générale, c'est moins grave ou plus grave, la 1re catégorie ?

Donc « NON, NON, NON, NON, ET NON ».

Par contre faut pas se merder, pas s'enflammer en enchaînant les NON. La dernière réponse, faut répondre OUI.

Êtes-vous toujours à la recherche d'un emploi ?

— OUI. Enfin là je suis en train de me tâter, en fait. Je sais pas trop si je monte ma boîte, si je pars autour du monde ou si j'ouvre un bar. Ça sent l'embrouille, leur enchaînement de questions. Ils te font répondre NON, NON, NON, NON, NON, et dernière question OUI. C'est bizarre.

C'est sûr qu'il y a une tonne de gens qui se font niquer comme ça : « Ah mais monsieur, vous avez dit que vous aviez travaillé ce mois-ci, donc on ne peut plus vous verser votre indemnité chômage, c'est comme ça, c'est tout. Fallait faire attention. »

Avec ce ton insupportable des gens de l'administration.

Ces mecs, t'as toujours l'impression qu'ils n'ont jamais fait de conneries dans leur vie. Ils veulent te faire croire qu'ils n'ont jamais triché au contrôle de maths, qu'ils n'ont jamais fraudé dans le métro, qu'ils n'ont jamais volé un bonbon chez l'épicier à la sortie du collège.

Une fois que t'as validé les réponses, tu reçois un virement sur ton compte. C'est beau.

Franchement, c'est très beau.

Tu peux même faire cette actualisation alors que t'es en vacances à Rio. Il y a même une application iPhone qui te permet de répondre à ces questions où que tu sois. Même pas besoin d'ordinateur.

Comme quand j'appelais mon père pendant mon voyage au Mexique.

— Papa, c'est chaud là, j'ai plus d'argent sur mon compte. Tu peux me filer un coup de main ? Je dois terminer le sud du pays avec Bébert.

— As-tu dépensé plus de cinquante pour cent de l'argent que je t'ai déjà donné en alcool ?

— NON.

— As-tu dépensé plus de quarante pour cent de l'argent que je t'ai donné en alcool ?

— NON. Enfin un peu, genre trente-cinq pour cent mais bon, c'était pour mon intégration, tout ça.

— As-tu passé ton temps à draguer des filles plutôt qu'à bosser ton espagnol ?

— NON. J'ai passé mon temps à draguer des filles *pour* bosser mon espagnol.

— Comptes-tu repartir en vacances à ton retour à Paris ?

— NON, papa, sérieux, je suis pas con. Enfin je suis pas assez con pour te dire oui tout de suite.

— Penses-tu vouloir rester vivre ta vie au Mexique ?

— NON, pourquoi ?

En fait, je sais très bien que ça angoisse mon père quand je vais un petit bout de temps à l'étranger. Il a peur que je veuille faire ma vie là-bas, loin de lui. Alors que je ne pourrai jamais quitter Paris. J'ai pas envie d'être le vieil oncle dont parleront mes neveux en mode : « Ah mais attends, si si, j'ai un oncle au Mexique moi, ouais, Nat, je le connais pas trop mais je crois qu'il est cool, on peut ptêtre squatter chez lui pendant les vacances. »

— Ce stage au Mexique t'a-t-il permis d'acquérir de nouvelles connaissances qui t'aideront à trouver un travail rémunérateur à ton retour ?

— OUI. Franchement, j'ai appris à faire des sites Web et tout. Enfin des sites Web... je sais modifier deux, trois trucs, mais ça va trop me servir à mon retour. C'est sûr que je vais trouver du boulot grâce à ce stage.

Putain, j'ai failli me faire avoir. Si je lui avais dit que le Mexique m'a juste permis de bouffer des fajitas, de partir en vacances prolongées, de draguer des meufs en boîte en leur faisant croire que j'avais gagné « La Nouvelle Star » en France, je me serais fait déchirer.

Mais là, comme dirait Dora l'exploratrice : « C'est gaaaagné ! »

Bam.

Virement.

Réservations d'hôtels dans le Sud du pays.

Soirées alcoolisées et rigolades.

De temps en temps, avec Pôle emploi aussi, je dois aller rendre des comptes au mec qui me fait un virement tous les mois.

Je suis un peu sa pute, quoi.

Et lui mon mac.

Il me reçoit, me demande combien d'entretiens j'ai passé puis il me file de l'argent pour me dire de continuer.

C'est chiant, mais faut le faire. C'est moins contraignant que d'avoir un boss et un vrai boulot.

Au bout de quatre mois de bomage, je reçois une lettre qui fait peur, avec le logo Pôle emploi. Son contenu fait plus peur encore : je suis radié.

La radiation Pôle emploi, c'est pire que la radiation de Tchernobyl.

J'arrive à me faire virer de Pôle emploi. C'est dur quand même de se faire virer d'un truc pour des gens qui n'ont pas de travail. C'est surréaliste comme situation.

Je me retrouve au chômage du chômage.

Chômeur au carré.

— Mais putain, j'ai pas vu vos convocations à un entretien, moi !

— Ah bah oui, monsieur, pourtant vous avez reçu des courriels dans votre espace personnel sur pole-emploi.fr.

— Mais de quoi vous me parlez ? Quel courriel ? Sur quel espace personnel ? Vous pouvez pas me faire un event facebook quand on a rendez-vous, m'envoyer un message sur mon compte Gmail, un tweet ? Non, faut que vous m'envoyiez un courriel sur ma messagerie personnelle pole-emploi.fr.

— Monsieur, vous êtes radié.

— Et donc je fais quoi ?

— Faut écrire une lettre au directeur de votre agence Pôle emploi.

— Quoi une lettre ?

— Vous prenez une feuille blanche et un stylo, et vous écrivez les raisons pour lesquelles vous n'étiez pas à votre rendez-vous.

Alors déjà, je n'ai plus de feuilles dans mon cartable depuis ma seconde B au lycée Pablo-Neruda.

22 février 1999, seconde B, contrôle d'anglais surprise avec Mme Theodoridiscetteconnassequinous faisaitquedescontrôlessurprises

— Heyyyy... heyyyyyy, vas-y, heyyyyyy, steuplait Julie... Heyyyy... Donne-moi une feuille, steuplaît.

— T'es lourd putain, t'as jamais de feuille !

Ouais, je sais, heyyyy, jte jure, jtachète un paquet de feuilles la semaine prochaine. (Vas-y mais cassetoi sale barre, donne-moi une feuille, c'est tout.)

Janvier 2013

— Bonsoir, excusez-moi, pouvez-vous me donner une feuille, s'il vous plaît ? Faut que j'écrive au directeur.

Feuille blanche.

Faut la jouer propre. C'est le directeurdelagencepôleemploiquandmême. Ça fait plus de deux ans que je n'ai pas écrit avec un stylo, à part quelques gribouillis sur mon Moleskine.

Et meeeeeeerde, j'ai écrit penché sur la fin.

Heureusement, je peux toujours faire confiance à mon réseau. Je crois que le cousin d'un pote bosse chez Pôle emploi... Le réseau, c'est la plus belle arme des bomeurs. C'est devenu une habitude, je pense toujours pouvoir obtenir des trucs gratos, ne pas faire la queue et être sur la « guestlistenplusun ».

La guest list, c'est un peu comme un concours de teub. Quand t'es en plusun, c'est que tu peux inviter quelqu'un à venir avec toi à la soirée de lancement de telle ou telle marque de fringues, à tel ou tel concert de la nouvelle starlette de l'électro.

— Je suis en +1. Je suis en +2. Je suis en +3. Je suis en +4...

— Bon OK, par contre faut que tu dises que tu t'appelles Laurent Tregouet.

D'ailleurs, le nom qu'on te donne quand tu dois te faire passer pour un autre sur une guest list est toujours un nom bizarre que t'entendais que lorsque t'étais au collège. Des noms de mecs que tu n'as jamais imaginés adultes.

— Tu dis que t'es Ludovic Devoir. / Tu dis que t'es Sébastien Berger. / Tu dis que t'es Laurent Tregouet, OK ?

— Bah non, franchement les mecs, ça me fait chier de dire que je m'appelle Laurent Tregouet, faut pas déconner... (En vrai : Ouais, vas-y, je retiens Laurent Tregouet, Laurent Tregouet, Laurent Tregouet, faut pas que je me goure.)

Avant chaque soirée coolos, j'essaie d'obtenir le plus de plus possible. Putain d'ego. Putain de crédibilité sociale.

Mais depuis que je suis bomeur, je suis de moins en moins un influenceurdemonzboub. De plus en plus souvent, le +1, c'est moi. Je suis devenu le Laurent Tregouet de ma bande. Je n'ai plus ma place à moi.

Je crois que j'ai le cousin d'un pote qui bosse chez Pôle emploi...

— Ouais allô, je voulais savoir, tu peux me mettre en +1 pour... heu... non, en fait je me suis fait radier, tu peux me filer un coup de main steuplaît ?

Les bureaux Pôle emploi sont en bas de mon immeuble. Quand je me suis retrouvé au chômage, je me suis dit que j'avais quand même un coup de cul énorme, pas de galère pour aller à mes rendez-vous Pôle emploi.

Sauf que je ne suis pas affilié à ces bureaux-là.

Parce que les bureaux que j'ai en bas de chez moi sont dans le 19e arrondissement... mais ils sont dédiés aux chômeurs habitant le 20e.

Le genre de logique qui te fait vite prendre conscience que ce n'est pas grâce à eux que tu vas retrouver du boulot.

23

tumesoûlestuprendstoutmal

Le bomage tue ma relation avec Anouk. J'en fais des caisses pour ne pas m'avouer que je ne suis pas serein.

Si Anouk m'avait connu directeur de création, avec mes vraies journées de travail, mes rendez-vous, ma gestion d'équipe et mon rythme trop cool de meilleur job du monde quoi, je pense qu'elle aurait moins fait la maligne.

Au lieu de m'encourager, elle m'enfonce. Quand je lui parle de mes idées, de mes projets, aucune étoile ne brille dans ses yeux. Même mes potes ont plus d'entrain, me soutiennent, se rendent compte qu'il faut m'écouter et me rassurer. Mais elle non. Et ça me rend fou.

En même temps je demande de la psychologie à une gamine de 22 ans qui est toute fière de bosser dans le marketingduluxe. On a forcément pas les mêmes standards.

Je suis en demande permanente. Je suis toujours disponible pour elle.

Pour le moment, aucune fille ne pourrait vouloir de moi. Même moi je ne veux pas de moi.

Je commence à douter, à me détester, à me souvenir de qui j'étais il y a six mois, de ce que je représentais il y a six mois. De ce que je ne suis plus.

Je ne représente plus rien.

Je vis tellement peu de chose que je me répète. Je répète mes idées, mes projets avortés, sans avancer.

Elle me prend pour une merde, je n'ai plus de couilles.

Notre rythme n'est pas le même. J'ai tout le temps que je veux. Je peux lui écrire des textos ou lui répondre à n'importe quel moment de la journée.

Il n'y a rien de pire pour une fille que de sentir que sans elle, son mec ne fait rien. Les filles préfèrent les enculés qui voient leur copine quand ils en ont le temps. Les mecs actifs, qui font des choses concrètes. Qui vivent leur vie de leur côté. Des mecs sereins.

C'est pour ça que les filles m'aimaient quand j'avais 24 ans. Je vivais ma vie, la priorité c'était moi. J'avais toujours des présentations à faire, des idées à trouver.

J'étais un vrai enculé. Un bel enculé.

J'étais gentil hein, mais je m'en foutais. Ça les rendait folles. Elles sentaient qu'elles n'étaient qu'une de plus sur la liste.

Quand je bossais, John était au chômage. J'étais dingue de le voir ne rien faire. Je lui disais de se bouger, de trouver un boulot. Les conseils à la con, quoi. Sa réponse était toujours la même : « Mais je ne sais pas ce que je veux faire. » Putain, trouve un taf et tu verras si ça te plaît ou non.

Encore un conseil à la con.

Tant que tu ne t'es pas retrouvé au moins une fois au chômage, tu ne peux pas comprendre les réactions de quelqu'un qui s'y trouve.

Ça fracasse le cerveau.

Trop de temps pour réfléchir.

Le moindre temps de latence entre l'envoi d'un texto à Anouk et sa réponse me rend dingue, parce que je suis en train de regarder « Les Z'Amours » chez moi, que je me suis levé à 12 h 37, et que ma seule activité de la journée sera de boire un verre avec Teddy puis de la rejoindre.

Quand je la vois, les journées que je lui raconte commencent à être pathétiques.

— J'ai bu un verre avec John.

— Et vous en êtes où du programme court ?

— On est en train de finir, là.

— Ça fait quatre mois que t'es en train de finir, c'est encore un projet que tu regretteras dans cinq ans en disant : « J'aurais pu. »

J'ai même plus la force mentale de répondre à cette petite merdeuse qu'elle n'a jamais pris le temps de commencer un projet perso.

Elle est jolie, tout le monde la trouve jolie. C'est peut-être ça le problème. Quand on te répète tous les jours que ta meuf est jolie, t'as l'impression que ça veut dire en substance : « Qu'est-ce qu'elle fout avec toi ? Tu ne la mérites pas. »

Mon ego la veut, mon ego ne peut pas comprendre qu'elle ne tombe pas amoureuse de moi. Je me raccroche à elle puisque je n'ai que ça dans ma vie en ce moment.

Pourtant mon corps arrive juste à me donner des signaux pour me dire de me barrer. J'ai toujours eu ça. Quand mon esprit ne va pas bien mais que je veux me le cacher, mon corps me balance des signaux.

Là, c'est une minicrise d'eczéma qui débarque. Comme ça, détente. Ça fait six ans que je n'ai pas eu ça. Au bout de trois mois avec elle, ça déboule à l'intérieur de mes coudes. Faut que j'arrive à me casser. J'ai trop besoin de trouver des réponses sur ma vie personnelle du moment pour me prendre la tête avec une colleuse de gommettes.

Mon corps ressent juste qu'il y a des choses pas claires avec cette meuf. Un truc pas sain.

Je me retrouve à élever le ton devant mon incapacité à avoir des couilles. Face à moi, j'ai un bonhomme. Un glaçon. Incapable d'exprimer le moindre sentiment. Elle en a peut-être, mais elle est incapable de les exprimer.

Ou alors elle n'a pas du tout de sentiments pour moi.

Putain, toutes ces questions qui tournent dans ma tête, ça me fatigue.

L'impression de ne pouvoir jamais éteindre mon cerveau.

Anouk fait partie de la génération « je fais ce que je veux quand je veux et je t'emmerde ». C'était cool au début. Elle m'admirait. Elle admirait mon statut social, mes projets en cours, mon début de start-up, mon envie de voyage, les soirées où je mixais, mon appart bien décoré, les coins coolos de Paris que je connaissais.

J'étais une paire de boots à 600 balles ou un sac à 2 000.

Quelques mois après, je ne fais plus de soirée, mes projets sont au point mort, je me lève à 11 h 30, je bois des coups.

Ça insupporte Anouk de se réveiller deux heures avant moi.

Ça insupporte Anouk de savoir que je passe ma journée à boire des coups à partir de 15 h 30.

Ça insupporte Anouk de voir que je réponds à ses textos dans les trente secondes.

Ça insupporte Anouk de me trouver devant la télé quand elle rentre du boulot.

Ça insupporte Anouk de voir que mes projets n'avancent pas.

Elle est mon miroir. Tout ce que je veux ignorer de ma situation, elle me le met dans la gueule.

Je dois être aux alentours d'une paire de Vans à 60 euros ou d'une montre Casio vintage à 30 balles. Le genre de truc que tu prends quand tu passes devant, que t'aimes un peu mais bon...

Je ne suis plus rien.

Plus rien dans ses yeux.

Plus rien dans les miens.

24

lefilbleuoulefilrouge

Je sens bien que je suis à un tournant de ma vie de bomeur.

J'ai réussi à montrer à tout mon entourage que le chômage est la plus belle période de ma vie. J'ai réussi à faire en sorte que les gens envient ma situation. J'ai rendu cool tout ce bordel.

Mais j'arrive à une limite. Continuer à « faire croire » ou commencer à faire un choix.

Ce choix est aussi crucial que celui du fil bleu ou du fil rouge à couper dans les films américains. « Le bleu, le rouge, le bleu, le rouge... Merde, merde, merde, merde, jme souviens plus de la couleur que je dois couper ! »

C'est hallucinant quand même.

Toutes les bombes mènent au fil rouge ? Ils seraient pas un peu cons les terroristes dans les films ?

En fait, ça doit être super facile d'être prof de fil en école de déminage : « Bon les mecs, aujourd'hui, le cours le plus important de l'année : quand vous êtes face à la bombe, pour la désamorcer, faut toujours couper le fil rouge. Voilà, bon bah à bientôt hein, et bonne continuation... »

Et avec ça, les mecs de l'équipe de déminage, quand ils arrivent face à la bombe, ils se posent encore la question ? « Fil bleu, fil rouge, fil bleu, fil rouge... Oh putain, je sais jamais. »

Ma situation n'est plus si drôle que ça.

Mon entourage se rend bien compte que le temps commence à se faire long.

25

etmaintenantquevaisjefaire?

Ted a ouvert son business.

On n'avance pas avec Édouard et Sophie.

C'est l'hiver.

Je suis bourré de ma soirée de la veille. Il pleut.

Anouk m'a rejoint hier soir. Il pleut.

14 h 17. Il pleut.

J'ai une putain de gueule de bois. Il pleut.

J'étais déjà bourré quand elle est arrivée. Il pleut.

Je ne suis pas obligé de me réveiller pour aller bosser puisque je n'ai pas de boulot. Il pleut.

Parfois, c'est pas plus mal d'avoir à bosser pour évacuer une gueule de bois. Il pleut. D'avoir une tonne de trucs à faire. Il pleut.

Remise en question de toutes parts juste à cause de la pluie (et peut-être un peu à cause du rosé/gin tonic/champagne/rouge que j'ai enchaîné hier). Il pleut.

Putain, mais qu'est-ce que je lui ai dit hier? Il pleut.

Putain, j'ai dû être trop relou. Il pleut.

Putain, je suis un con. Il pleut.

Putain, mais comment j'ai fait pour prendre le scoot ? Il pleut.

Putain, mais j'ai vomi non ? Il pleut.

Putain, il fait un temps de merde sa race. Il pleut.

Putain, j'ai pas de boulot. Il pleut.

Putain, ça fait longtemps que je fous rien, quand même. Il pleut

Pleut, pleut, pleut... Ça se dit comme ça? Pleuvoir... il pleut... ça existe pas ce mot... attends, P-L-E-U-T, c'est chelou comme mot ça. Il pleut.

Mon bomage fait vriller mon cerveau.

Je sais ce que j'étais. Je ne sais pas ce que je vais devenir. Je commence déjà à me rattacher à mon ancienne condition. Dans ma tête, je suis encore un créatif mais je n'ai plus aucune idée originale. Pourquoi c'était si cool les premiers mois ? Pourquoi je commence à me vriller tout seul ?

J'ai le mauvais rythme. Je me lève à 11 heures, je me fais une sieste à 16 heures, j'ai un coup de barre à 23 heures, je m'endors à 4 heures. Je ne m'étale pas trop sur le sujet auprès de mes amis.

2 h 24

J'ai du mal à aller me coucher. Comme les gosses.

Inconsciemment, je sais que c'est le pire moment de la journée. Celui où je suis seul face à moi-même, le moment où mon esprit n'a plus aucune limite sonore ni visuelle. Mon esprit se lâche et, dans un demi-sommeil, je remets toute ma vie en question.

Au petit matin, je ne sais plus trop ce que je me suis dit. Je sais juste que j'ai mal dormi.

Tous les soirs c'est la même chose. Je me parle à moi-même. Je remets tout en question et j'essaie de trouver les réponses.

Les moments où il faut faire des choix sont les pires moments de ma vie. Trop peur de me manquer, de faire le MAUVAIS choix. Je devrais surtout avoir l'envie de faire le BON choix. Mais c'est comme ça, j'anticipe le pire. Pas le meilleur.

Ça doit être cool d'anticiper le meilleur, plutôt que d'être flippé de faire le mauvais choix.

Trop souvent les gens pensent que le pire va arriver. Alors que nous n'avons aucun moyen de savoir ce qu'il va réellement se passer dans nos vies futures.

Pourtant, quand je parlais à Loïc et Camille, mes assistants chez Nouveau Jour, je leur expliquais que, face aux clients, il fallait être sûr à dix mille pour cent de notre idée. Si on ne l'était pas, on ne pouvait convaincre personne.

Quand je vends une idée, c'est le seul moment de ma vie où je suis sûr de moi. Personne ne peut m'arrêter. Personne ne peut m'influencer.

Quand j'ai une idée, je sais vite si c'est une idée de génie ou de la merde. Et quand je la sens bien, je pourrais la vendre à n'importe qui. Je sais que c'est le bon choix, la bonne stratégie à adopter.

Mais là je fais quoi depuis huit mois ?

Depuis que la boîte a fermé ?

Il devient quoi Romain ?

Faudrait que je l'appelle demain, ça fait longtemps que j'ai pas trop de nouvelles de lui. Depuis qu'il s'est lancé dans son projet avec sa femme, j'ai un peu l'impression qu'il m'a oublié, alors que c'était mon mentor, celui qui m'a tout appris, j'ai pas de nouvelles. Chelou.

Merde, j'ai oublié d'envoyer les papiers à l'assurance pour mon scooter.

Ah meeeeeeeeeerde, faut que je le fasse.

Je me lève maintenant pour regarder la date limite ?

Non non, je le ferai demain. Laisse tomber. Pas la peine de penser maintenant à des problèmes administratifs, je vais jamais trouver le sommeil, sinon.

Bon, demain je me lève tôt et j'avance sur l'idée avec Édouard et Sophie.

Faut que je me remotive là, je suis en perdition, ça me ressemble pas.

La com c'est fini. J'ai plus envie d'en faire, les clients sont des cons, ils comprennent rien.

Ou alors je monte mon agence. Ouais mais c'est chiant quand même la com, je veux plus en faire.

Faudrait que je sois plus cool avec papa et maman aussi. Je les appelle pas souvent. Je les appelle jamais en fait.

Putain il fait chaud là... qu'est-ce qu'il fait chaud bordel. Pourquoi ?

Je suis sur la plage, au Mexique, qu'est-ce qu'elle fout là, Lou ?

Pourquoi elle m'embrasse ? Mais je suis encore avec elle ?

Ah le con, je suis en train de tromper Anouk avec Lou. Je vais me retrouver dans la merde juste pour un bisou sur une plage du Mexique. En même temps, comment elle pourrait le savoir ?

Ah merde, elle nous regarde. Elle a vu Lou m'embrasser. Meeeeeeeeeeerde. Anouk, jte jure que j'ai rien fait, c'est pas de ma faute.

Mon scooter est cassé, faut vraiment que je pense à envoyer les papiers à l'assurance. C'est con, ils doivent me rembourser.

La meufdumarketing ne comprend rien à l'idée que je lui propose, c'est vraiment des cons, les clients.

Il fait chaud, je transpire dans mon caleçon là, qu'est-ce qu'il fait chaud.

Victoria, je suis bien quand tu me tiens par la main. Je suis serein à tes côtés. Serre-moi la main, Victoria. Ça me fait plaisir que tu me fasses découvrir ta ville. C'est bizarre, je pensais que tu m'avais basé quand j'avais 20 ans. Pourquoi on est encore ensemble, là ?

Pourquoi il fait tout noir, là ?

Victoria ? T'es là ?

N'ouvre pas les yeux Nat.

N'ouvre pas les yeux, t'es bien avec elle.

Et merde, voilà, il est 3 h 12, ça doit faire un peu plus d'une heure que je dors. Je suis mort. J'arriverai jamais à me rendormir.

Je fais rien de mes journées, putain. J'ai pas avancé dans ma vie. Je régresse. J'ai l'impression de passer les mêmes nuits que lorsque je ne savais pas ce que j'allais faire après ma classe prépa.

J'arriverai jamais à me réveiller demain.

Dors, Nat, dors.

Il fait chaud, elle est relou cette couette Ikea.

Victoria ? Qu'est-ce que tu fous dans l'appart ? Mais non mais Victoria, je t'ai pas vue depuis notre rupture. T'es plus avec ton mec ? Oui ça va, on se tient la main, y a rien de grave.

Tu connais Ilann, non ?

Ouais il vient récupérer les clés de mon scooter.

J'arrive, j'arrive ouais, jte rejoins papa.

J'arrive en formule 1.

Je vais gagner, c'est sûr. Je suis devant tout le monde.

Et voilà la ligne d'arrivée. Je suis premier. Je les ai tous niqués.

Trop bien.

Quoi, c'est pas fini ?

Ah non Ilann, me dis pas ça !

Il reste encore un tour ?

Meeeeeeerde, meeeerde, merde. Vite, j'accélère.

Putain, j'accélère mais la voiture n'avance pas.

Game over.

26

sociétédeconsommation

Quand j'étais ado, je matais la télé jusqu'à 2 heures du matin. Je ne regardais rien. Enfin, je regardais tout. Je passais mon temps à zapper entre les cent chaînes du bouquet CanalSat.

Si tu me demandais le lendemain ce que j'avais vu, je te donnais douze programmes que j'avais suivis en même temps. Impossible de rester focalisé sur un film ou une émission. Je me disais toujours qu'il y avait peut-être mieux ailleurs.

— Papa, juste une question, combien de télés Davy a eues de sa naissance à ses 26 ans ?

— Deux. Enfin, je crois. Attends... Oui, la grosse télé qu'on avait dans le premier appartement, et puis la Philips sans télécommande que le mari de Christine avait pu nous avoir parce qu'il bossait là-bas.

— Et moi ?

— Ben toi, pareil toi... ouais, pareil... enfin... Non, OK, c'est vrai.

Depuis ma naissance, j'ai vu passer plus de six télés. J'en avais même une dans ma chambre à 10 ans. C'est mon oncle Sidney qui me l'avait offerte. Au milieu des 90's, avoir une télé dans sa chambre à 10 ans, c'était fou. C'était trop la classe. J'avais même un peu honte de dire à mes potes que j'avais eu une télé pour mon anniversaire. Ça faisait pourri gâté, « richman », comme on disait dans ma cour d'école. « Ah t'es trop un richmaaaaaaan toi ».

Depuis, je suis un hyperactif, tout m'emmerde rapidement.

Tout m'emmerde TRÈS rapidement.

Regarder un film ?

Ça m'emmerde.

Lire un livre qui ne commence pas à s'exciter au bout de vingt-trois pages ?

Ça m'emmerde.

Sortir tout seul dans la rue sans objectif ?

Ça m'emmerde.

Rentrer dans une soirée et sentir que l'ambiance n'est pas là au bout de dix minutes ?

Ça m'emmerde.

Perdre du temps à parler avec quelqu'un que je ne connais pas ?

Ça m'emmerde.

Bon, parfois je fais semblant de m'intéresser, parce que la personne est une copine de ma meuf ou la mère d'un pote.

Mais en vrai, ça m'emmerde.

Hyperactif et insatisfait. Voilà comment ça m'a rendu d'avoir douze télés et cent vingt chaînes sur le bouquet satellite CanalSat à mes 14 ans.

C'est pareil pour mon cousin Anthony et pour mon pote Stef. Mais eux, leur délire, c'est de s'acheter de la sape. Toutes les semaines, ils ont une nouvelle paire de baskets, une nouvelle veste, une nouvelle chemise. Ça nous fait rire, mais en vrai, c'est un truc de ouf.

Sur le bouquet CanalSat, des mecs ont inventé la chaîne 0 : la mosaïque. Cette chaîne qui t'oblige à te fait prendre conscience que t'as deux cents chaînes au bout de ta télécommande, et que si un programme t'emmerde, il y en aura un autre, puis un autre, puis un autre. Que tu ne seras jamais à court de programmes TV. Qu'il y aura toujours mieux, toujours mieux, toujours mieux. Que tu seras toujours satisfait.

— Avec CanalSatellite, accédez à plus de deux cents chaînes, plus de trois mille quatre cents films à la demande, des programmes rediffusés douze fois par semaine, tous les matchs de football de ligue 1, du championnat anglais, le foot espagnol, la coupe du monde, la ligue des champions, des heures de séries...

— Ouais vas-y là, ça va, dis-moi juste quel film je dois voir.

Pour ma génération, on a adopteunmec.com. Même présentation que la mosaïque. Mais avec des photos de filles à la place des programmes télé. Ou des photos de mecs.

— Plus de trois cent mille inscrits, cent vingt mille brunes, quatre-vingt mille blondes, de nouveaux abonnés tous les jours, des rencontres illimitées, charmez sans limites...

— Ouais vas-y là, ça va, trouve-moi juste une meuf bien déjà.

Si une fille t'emmerde, tu sais que t'en as une autre pas loin. Si un mec t'emmerde, tu sais que t'en as un autre pas loin. Du coup, personne n'est jamais content. On ne se contente jamais de ce que l'on a.

Une embrouille ? Je te base.

T'es pas contente ? Je te base.

T'as fait une petite boulette ? Je te base.

Plutôt que de m'accrocher à toi, de prendre une claque dans six mois quand je serai bien amoureux, je me protège en me persuadant que tu fais trop d'erreurs pour que je sois bien avec toi.

La plupart des personnes de ma génération ne laissent plus le temps à une relation de se construire. Si en un mois ça ne s'excite pas, on trouve ça chiant, lent, ça manque de passion et toutes ces conneries. Les gens consomment leurs relations comme ils achètent des baskets.

Avec Anouk, c'est ça. On s'embrouille, on se base. Aucune construction. C'est même plutôt destructurant. Ça part dans tous les sens. On se base, on se remet ensemble, on se base, on se remet ensemble. C'est juste de la conso amoureuse. Comme j'achète une paire de baskets, je me remets avec Anouk, puis parfois ma paire de baskets me gonfle, et puis au bout de six mois, je retombe sur cette paire de Nike Blazer que j'aimais bien quand même avec mon jean.

Toutes mes copines mignonnes arrêtent de se connecter sur le chat Facebook quand elles sont au boulot. Trop de fenêtres de chat qui s'ouvre avec un

« Hé, ça va toi ? ». Trop de renards qui viennent rôder sur Facebook, à la recherche d'un nouveau petit plan. Je n'arrive plus à draguer. La drague me dégoûte.

J'imagine toujours Anouk se faire draguer par plus cool que moi, plus en place que moi, plus travailleur que moi. Un mec qui lui en met plein les yeux.

Je perds confiance, j'ai l'impression de ne plus rien avoir à raconter. Quand j'arrive en soirée, je préfère repartir au bout de dix minutes pour ne pas avoir à reconnaître mon manque de réussite avec les meufs.

Dans ma génération, on veut tout, tout de suite. Jamais satisfaits. Autour de moi, peu de gens sont vraiment heureux en couple. Certains préfèrent même être seuls et baiser de temps en temps plutôt que d'avoir à affronter des problèmes de couple au quotidien. C'est plus égoïste mais moins risqué.

« Je ne tombe pas amoureuse, donc je ne vais pas être triste, et ça me permet d'aller voir qui je veux quand je veux. »

Anouk c'est ça. Elle ne veut pas se donner la chance d'être heureuse. Trop peur de la chute. Du coup, elle est sur la « mosaïque » en permanence.

Avant, une fille passait devant vous au restaurant, vous la trouviez jolie, vous n'aviez plus de nouvelles d'elle. Aujourd'hui, deux cents filles jolies passent devant vous sur Facebook, des copines de potes de potes. Un clic. Une friend request. Vous devenez son ami virtuel. Vous devenez son amant réel.

C'est pas compliqué, mais ça complique tout.

Et ça rend les gens tristes.

Pour le boulot, c'est pareil.

J'ai eu ce que je voulais, j'en ai profité cinq ans, et ça me gonfle déjà. Je pensais que le blues du créatif, du soûlé de la pub, m'arriverait plus tard, vers 40 ans : « Je vais me lancer dans le caritatif là... J'ai repéré une association qui s'occupe d'éléphants maltraités en Inde, je vais partir trois mois là-bas, ça va me faire du bien de me sentir utile. »

Je veux déjà de la nouveauté. Sauf que sur la mosaïque Pôle emploi, on ne te propose que d'être boulanger ou maçon.

Je n'ai que 26 ans et je suis déjà perdu.

J'ai beaucoup trop de temps pour réfléchir.

27

pizzatruffe

22 février 2013, 13 h 03, chez Slize

Teddy a ouvert sa pizzeria il y a trois mois. J'y suis au moins une fois par semaine. Ça me donne une chose à faire dans ma journée.

Mon réveil sonne à 10 heures.

Je me rendors jusqu'à 11 h 23.

Je me lève.

Je n'ai rien à manger dans mon frigo.

Je me fais un Nespresso.

Je m'allume une clope.

J'allume mon ordinateur.

Check Facebook, Gmail et sofoot.

Il est 12 h 42.

Toujours rien à manger.

Texto : « T'es au resto filsdeup ? »

Ted : « Ouais filsdeup. »

Rien d'autre à foutre. Je prends mon scooter. Il est toujours blanc. Enfin un peu moins blanc puisque je ne le lave jamais. Il est maintenant défoncé sur le côté, mais je n'ai toujours pas rempli les papiers de l'assurance. Maintenant que mon scoot est fracassé, je peux justifier le fait qu'il soit blanc. Ça montre que j'en ai rien à foutre, que je veux juste un truc qui roule. Ou comment se faire passer pour un mec cool même quand on a fait un choix de merde.

« Putain, tu vois Nat, il s'en fout du matériel, il veut un scooter qui se déplace, il est au-dessus de tout ça. »

Le « j'aurais dû », c'est ma spécialité. À décliner en « on aurait dû » aussi.

J'aurais dû acheter une Vespa.

J'aurais dû acheter un studio quand je bossais chez Nouveau Jour.

J'aurais dû la rappeler.

On aurait dû aller au Charlot plutôt qu'à La Perle.

On aurait dû prendre l'appareil photo à la plage putain, on est trop cons.

Je n'aurais pas dû la baser.

J'aurais dû prendre la pizza au chèvre, une belle connerie cette pizza à la courgette.

J'aurais dû faire des courses hier plutôt que de me coller encore un 17 balles pour le déjeuner.

Plus le chômage avance, plus le « j'aurais dû » prend une place importante dans ma vie. Je ne suis plus capable de faire un choix. Je doute de tout. Un peu comme lorsque tu passes tes épreuves du bac. Au début, tu penses que tu t'en es bien sorti. Puis plus le temps passe avant les résultats, plus t'imagines que ta note baisse. Si tu commences avec un 12 dans ta tête, la veille des examens tu penses que tu vas au mieux choper le rattrapage.

On m'avait même proposé de remonter une agence de com juste après la fin de Nouveau Jour. Mais j'étais trop prétentieux, je pensais pouvoir monter ma start-up, avoir une idée révolutionnaire. « J'aurais dû accepter. » J'aurais pris 6000 balles par mois.

À la place de ça, aujourd'hui je vais chez Slize, il est 13 heures, je me suis levé il y a une demi-heure, je suis encore plus crevé que lorsque je bossais, j'ai un rythme de merde, et je vais bouffer une pizza à la truffe chez Teddy en espérant qu'il m'offre le déjeuner parce que bon, faut que j'arrête de lâcher 50 balles par jour pour me nourrir dans des restos.

Teddy est heureux dans son resto. Il a pris un risque en le montant, mais ça marche et il s'y sent bien. C'est rare les gens heureux dans leur boulot.

J'arrive toujours avec mon ordinateur, pour avancer sur les deux, trois mails que je dois envoyer et surtout pour montrer que j'ai quand même des choses à faire.

13 h 37

Quand il me voit débarquer sur mon scooter, Ted me fait signe de loin. Notre signe, c'est juste un doigt d'honneur, en s'interpellant :

— Hé filsdeuuuuup !

— Ah ouaisssse filsdEEEEEEEEEEEpuuuuuute !

Ça fait deux ans qu'on se dit bonjour comme ça. Quand on s'appelle, c'est la même chose, sauf que ça peut durer dix minutes.

— Ah ouaisssse filsdepuuuuute.

— Ah ouaissssse, va te faire enlek sale iench.

— Tu es comme un éléphant dans un pantalon de porcelaine.

— Oui mais c'est à qui mieux mieux que je me sens le plus à l'aise.

Quand je suis au resto, Ted prend toujours le temps de venir se poser avec moi pour discuter, me demander où j'en suis entre deux insultes de kaïras. Et moi je lui file des coups de main quand il en a besoin... puisque j'ai du temps.

Aujourd'hui, on va distribuer des flyers et des bouts de pizza dans l'école de commerce qui est à cent mètres de son resto. Je pensais qu'on y allait en détente. Mais il me sort deux déguisements en forme de parts de pizza géantes. Il est con ce mec, qu'est-ce qu'il est con, mais qu'est-ce que c'est drôle.

Il fait froid.

Il pleut un peu.

Et on est déguisés en parts de pizza géantes. Lui, c'est la pepperoni et moi la quatre saisons. Nos jambes et nos bras sont dans des collants blancs qui sortent de la part de pizza. Nos visages sont en plein milieu du déguisement. On ne voit que nos têtes.

C'est fabuleux comme déguisement.

On est avenue de la République, il y a pas mal de monde dans la rue. Le genre de situation qu'il faut prendre en mode rigolade si tu ne veux pas bader.

À notre entrée dans la cour de l'école de commerce, tout le monde nous regarde. Quelques rires francs, mais aussi et surtout quelques regards furtifs de bandes de mecs qui se foutent de notre gueule.

Ah les bâtaaaaaaaaaards. Il y a cinq ans, on aurait été de l'autre côté de la barrière de pizzas. On serait allés taxer deux, trois parts et on aurait bien charrié les deux crevards en train de distribuer leurs pizzas.

« Oh, pizzas ! »

On adore s'interpeller avec un mot dans notre bande. Tu mets un costard un peu bizarre, mal coupé, ou juste un costard alors que tu es toujours en jean, tu peux être sûr que l'un de nous va prendre l'accent marseillais et t'interpeller :

« Oh, costume ! »

Ça marche avec tout.

Tu mets des lunettes alors que t'as toujours des lentilles.

« Oh, lunettes ! »

T'as mis un peu de gel pour faire propre.

« Oh, cheveux ! »

T'as un nouveau manteau parce que c'est l'hiver.

« Oh, doudoune ! »

Chaque fois, c'est la même chose, au moment où tu t'habilles et que tu tentes un nouveau ptit style, tu sais au fond de toi qu'un mec de la bande va charrier.

On le sait tellement que parfois on se fait des feintes. Le pote débarque au resto avec un chapeau. Pendant dix minutes on ne lui dit rien. Le mec se sent en confiance. Il se dit que son nouveau ptit style est passé tranquille.

Et *bam*.

« Oh, chapeau ! »

On aurait tellement balancé des « Oh, pizza ! » il y a cinq ans.

Ces gamins de 22 ans nous prennent pour des mecs qui n'ont pas d'argent et qui distribuent des pizzas pour gagner 8 balles par heure.

À leur âge, on avait la même confiance en nous qu'eux. On était les mêmes petits cons. On croyait que le monde nous appartenait, qu'il ne pouvait pas nous arriver grand-chose, qu'on faisait des études qui nous permettraient d'avoir un poste à responsabilité, de ne pas connaître le chômage, de bien gagner notre vie... de très bien gagner notre vie.

Quand t'as 22 ans, t'as pas beaucoup de questions à te poser. T'as pas d'angoisse avant de te coucher. Tu sais juste que tu dois rendre ton dossier d'histoire de l'économie pour le 12 février, que tu vas essayer de grappiller quelques jours de rab pour le finir à l'arrache la veille du rendu en volant deux, trois exposés à des potes.

Putain de merde, il y a un an, j'aurais été en train de présenter ma nouvelle idée avec cinq boss en face de moi qui auraient lâché 200 000 euros sur ma présentation Powerpoint.

Bah là, on est en présentation pizzas, on ne les fait même pas payer... Et elles ne sont même pas à moi.

Hé les jeunes, je vous jure, à la base je suis créatif, je prenais déjà 4 000 par mois à votre âge, je faisais des opérations pour CK one, Diesel, Petit Bateau, Orange.

Je suis pas qu'un putain de distributeur de parts de pizza gratos, moi. C'est juste que là je suis sur un autre projet... Je vous promets... Me regardez pas comme ça bordel.

Avoir envie de se justifier auprès de gamins de 22 ans, c'est horrible. C'est être dans le trou quoi.

Quand je vois Ted, je me dis qu'on peut finalement sortir de cette période psychologique de merde et que la roue peut tourner. Tout le temps. On sait lui et moi qu'il n'y a qu'en passant par cette période qu'on peut la comprendre. Que discuter avec nos parents ou avec nos potes qui bossent ne sert à rien.

Personne ne peut nous aider lorsque l'on s'endort à 3 h 12 seul dans notre lit et que l'on commence à réfléchir.

Personne ne peut nous aider lorsque l'on se réveille à 11 h 24, la tête dans le cul, en sachant que l'on n'a rien à faire dans la journée.

Personne ne peut nous aider à retrouver confiance en nous.

Je suis arrivé au niveau zéro, peut-être même dans le négatif niveau confiance. Ce qui est sûr, c'est que je commence à être dans le négatif niveau oseille.

Ma situation du moment, c'est de la merde.

En fait, je suis une merde.

Et c'est pas Anouk, qui m'attend devant la pizzeria pour me filer les clés de l'appart avant de retourner au boulot et qui me voit arriver déguisé en part de pizza quatre saisons, qui me dira le contraire.

Pas un mot, juste un regard.

Je suis une merde.

Je suis une merde.

Réveil à 11 h 34.

Je suis une merde.

Chanmé, il reste du Kiri dans le frigo.

Top 5 des trucs que je dis aujourd'hui à 16 heures en semaine que je n'aurais jamais prononcés avant :

#5 : « Ouais allô, ouais, désolé, j'étais sous ma douche quand tu m'as appelé. »

#4 : « T'as déj ? »

#3 : « Ça va, dis que t'es malade au taf et rejoins-moi, j'ai du rosé au frais. »

#2 : « C'est nul, "Comment ça va bien ?", l'émission de Stéphane Bern. »

#1 : « Jdors trop mal en ce moment, jme suis levé y a une heure et je suis encore mort. »

4h26.

Il est dingue ce reportage sur les phoques d'Alaska.

Putain, je suis vraiment en train de mater un reportage sur les phoques d'Alaska ?

C'est chelou, un phoque. Je veux dire la gueule d'un phoque. Même son corps c'est chelou en fait.

Putain, je suis une merde.
Je vais encore me lever à 11 heures.

Réveil 12 h 37.
Et meeeerde, j'ai éteint le réveil quand il a sonné.
Je vais faire quoi aujourd'hui ?

28

réveildécalé

Mardi 9 avril 2013, 10 h 31

Mon réveil sonne.

Ilann, lui, il a un enchaînement d'alarmes iPhone logique :

– une alarme quotidienne à 7 heures du matin (faut réveiller la petite, lui préparer son ptit déj, s'assurer que le lait est assez chaud, mais pas trop, puis réussir à l'habiller en évitant les crises parce que le col roulé est trop serré, le pantalon est trooooop serréééééé, les chaussures elles sont troooooooop graaaaaandes, puis aller travailler) ;

– alarme quotidienne à 7 h 05 et 7 h 10 (pour être certain de ne pas se merder) ;

– une alarme à 16 heures (pour la fin de sieste du week-end).

Moi, pas d'enfant, pas de boulot, une meuf à temps partiel, j'ai une séquence d'alarme qui suit *ma* logique :

– alarme quotidienne à 10 h 31 en mode « faut que je prenne un rythme quand même, c'est abuser, là » ;

– alarme quotidienne à 11 heures (s'assurer que tu t'es bien réveillé, de cinq minutes en cinq minutes quand tu bosses, de demi-heure en demi-heure quand t'es bomeur) ;

– alarme quotidienne à 17 h 05 pour la fin de mes siestes quotidiennes ;

– alarme 20 heures, vieux reste de mon week-end à Berlin, quand je faisais une sieste flash avant de ressortir.

Tous les matins, je galère pour me réveiller.

Quand tu n'as aucune raison de te lever, tu ne te lèves pas.

Quand je bossais, j'avais déjà du mal. Mais il y avait forcément un rendez-vous, une réunion, un brainstorm, une prez à finir, qui m'obligeaient à bouger mon cul.

Aujourd'hui, après des mois de bomage, mon réveil m'angoisse. Dès que j'ouvre les yeux, ce son strident qui sort de mon portable me rappelle qu'il n'a aucune raison valable de se faire entendre.

Toutes mes journées sont des dimanches.

Des dimanches avec des amis qui seraient tout le temps en week-end à l'étranger.

Mes potes ont un boulot.

Pas moi.

Durée de connexion Facebook par jour : quatre heures et cinquante-deux minutes.

29

Onprenduncafé ?

Vendredi 17 mai 2013, début de la saison des terrasses

Parmi les trois millions de chômeurs actuels, je trouve toujours un pote bomeur avec qui prendre un café.

Généralement vers 15 heures chez Mauri7, rue du Faubourg-Saint-Denis.

Ou Chez Prune, quai de Jemmapes.

Ou au Floréal, métro Goncourt.

C'est pas très loin de chez moi, ça me permet de repasser à la maison pour charger mon iPhone avant de ressortir le soir.

On est tellement nombreux que le bomage, ça devient un peu le banc du PSG.

On a des super joueurs qui restent sur la touche.

Composition de l'équipe A des bomeurs :

Gardien de but

15h02, je croise mon pote bomeur Édouard, « ancien directeur d'agence de com » croisé avec une roulée à la bouche. C'est lui le dernier rempart. Il a l'expérience. Je le fous dans les cages. Il peut toujours te sortir une parade de derrière les fagots.

Une tête de mec qui vient de sortir de sa sieste de 15 heures et la fameuse : « Bon, je galère pour le nom de mon nouveau projet, on se fait un brainstorm dans la semaine... enfin, la semaine prochaine quoi, parce que je suis à la We Love Green ce week-end. »

Défenseurs

15 h 23, le bomeur Hugues, ancien galeriste, passe par ma table. Il monte sa start-up. Il est plus âgé, il connaît le taf. Mettre un bomeur comme lui en défense, c'est mettre à profit la force de l'expérience.

On va lui foutre dans les pattes un jeune bomeur qui a de l'envie, pour qu'il fasse un transfert de compétences, qu'il le rassure, qu'il lui montre qu'on peut monter sa boîte, se planter, en remonter une, la réussir, bref, lui apprendre la vraie vie.

OK, foutons-lui le pote nouveau bomeur Chris, 25 ans, qui vient d'arriver chez Mauri7, ancien manager France d'une grande marque de fringues, il a de l'envie, de grandes capacités, mais il est tout nouveau au poste de bomeur, il va se forger son expérience avec le vieux à ses côtés.

Milieux de terrain

Facile. On va mettre les deux anciens créatifs d'agence, bomeurs depuis un an, pleins d'idées. Tony et moi on voit les espaces, on anticipe le jeu et on fait la passe au bon moment pour qu'un autre mec que nous concrétise les occasions. Bah ouais, aucun d'entre nous ne va au bout des projets, c'est pas à nous de mettre les buts.

Attaquants

Le bomeur Ben, croisé à 17 h 12, qui produit son premier long métrage mais qui est encore au chômage. Dans l'équipe des bomeurs, c'est celui qui a mis la première occase au fond des filets. Il a la baraka pour le moment, faut pas s'en priver...

Cette équipe pourrait largement être une équipe de titulaires... mais pour le moment elle coupe les oranges sur le banc... enfin... elle boit des cafés chez Mauri7.

Mais on s'entraîne-entraide pas mal. On parle beaucoup de notre futur match, on se donne des conseils à propos de notre poste sur le terrain pour un vrai match. Sauf qu'on reste sur le banc. On prend notre salaire à la fin de chaque mois et on est tellement habitués à être remplaçants qu'on ne s'en plaint même plus.

« Sois déjà content d'être au PSG, tu vas pas en plus ouvrir ta gueule pour être titulaire, hein ? »

30

dégage

Mardi 11 juin 2013

Je suis sorti de ma sieste par mon iPhone.

Je viens de recevoir un texto.

Un texto d'Anouk.

« Ça va ptit chou ? Je sais pas trop vers quelle heure je passe à l'appart ce soir. »

Fait chier, au bout d'autant de temps avec elle, je suis toujours en galère au moment de répondre à ses textos. À chaque fois que je lis ses messages, j'imagine son visage en face de moi, et dans ma tête sa voix off a une intonation négative.

Bah oui, on a tous une voix off dans le crâne quand on lit un texto.

Chacun de mes potes a sa propre voix off.

C'est inconscient, hein. Mais c'est comme ça.

Du coup, ça modifie l'interprétation des messages.

Quand Lou m'envoyait un texto, je le lisais toujours avec beaucoup d'empathie. Quand c'est Anouk, je trouve le ton péjoratif.

Même son « ptit chou », c'est de la merde. Je trouve qu'il sonne faux. Alors que le « bichon » de Lou, j'avais toujours un petit sourire au moment de le lire.

Bien que « bichon », ce soit aussi vraiment de la merde.

Allongé sur mon canapé Karlstadt Ikea, je tente d'écrire une réponse :

« Ouais tout roule, je viens de me lever, je bosse un peu sur mes trucs là. »

Pffff, « mes trucs ». J'ai rien à faire aujourd'hui. En fait j'ai tout le temps rien à faire.

Même Teddy n'a pas besoin de moi aujourd'hui à la pizzeria.

« Ouais tout roule, je viens de me lever, je bosse un pe »

« Ouais tout roule, je viens de me lever, je bo »

Faut même pas que je dise que je viens de me lever en fait.

« Ouais tout roule »

ENVOYER.

« OK, t'es désagréable. »

Ah voilà, la bonne vieille réponse.

Une embrouille en trois textos. Propre.

Moi : « ?? »

Pas de réponse.

Pas de réponse pendant trois heures.

J'ai bien hésité au bout d'une heure douze d'attente à envoyer un petit « Va te faire enculer ».

Et puis je me suis ravisé. Je le sentais moyen.

Donc j'ai fermé ma gueule.

Coin coin.

Ouais, «coin coin», c'est ce qu'on fait avec mes potes quand un mec se comporte comme un canard avec sa meuf.

Un canard, c'est le mec qui fait tout ce que sa meuf demande, qui n'arrive pas à s'affirmer dans son couple et qui à force d'avoir peur de faire de la merde avec sa meuf finit par vraiment faire de la merde.

C'est le mec qui en vacances va sortir de la piscine pour aller chercher un verre à sa meuf et qui au final se fait engueuler parce qu'il a oublié les glaçons.

21 h 13

Texto d'Anouk : «Finalement je peux pas venir ce soir, on essaie de se capter demain si j'ai le temps.»

— Moi : «Ça marche, bisous, bonne soirée !»

Pas de réponse.

Coin coin.

COIN COIN.

COIN COIN, COIN COIN, COIN COIN.

COIN COIN, COIN COIN, COIN COIN, COIN COIN, COIN COIN, COIN COIN.

J'ai des plumes jaunes qui commencent à pousser sur mon zgeg.

Le «Va te faire enculer» a bien tenté de refaire une apparition furtive, mais il est finalement resté au fond de ma poche.

Il a cherché mes couilles pour essayer d'arriver sur mon portable, mais elles avaient déjà déployé leurs petites ailes de couilles pour s'envoler loin de moi.

Avec le temps que j'ai passé au bomage, je pense qu'elles sont déjà à Buenos Aires, là.

21h14

Je viens donc de me faire planter ma soirée une énième fois par ma meuf. C'est con, j'étais allé faire les courses pour préparer un dîner mignon.

En même temps j'ai que ça à foutre de faire des courses et de préparer le dîner. Ça me donne un objectif dans la journée. J'ai l'impression d'être un mec bien.

Sauf que ça donne surtout à Anouk l'image d'un mec qui n'a rien à faire. Elle préférerait sûrement qu'on se fasse livrer un indien.

Pour faire un plan à trois ?

Jdéconne. Ça n'existe pas de se faire livrer un vrai Indien.

Bon bah je vais me faire un saumon en papillote avec ses petits légumes devant « Top Chef ».

C'est chiant de dîner devant « Top Chef », tu te dis forcément que ton plat est vachement moins bien que celui des concurrents alors que t'as à peu près les mêmes ingrédients.

C'est comme quand tu regardes le catalogue Ikea, t'as à peu près les mêmes meubles dans ton salon, mais le tien a l'air beaucoup moins stylé que celui qui est en photo.

Alors que ça se joue à pas grand-chose. Il suffit juste de bien disposer son poisson sur le riz, et d'y poser délicatement deux brindilles de ciboulette.

Pareil pour le salon, il faut juste le bon plaid et le bon abat-jour. Après faut aussi réussir à cacher les fils électriques. Parce que sur les photos du catalogue Ikea, les mecs vivent dans des maisons sans câbles.

Leurs lumières doivent fonctionner sans électricité et leur iPhone doit marcher à l'énergie solaire.

Ce soir, les concurrents de « Top Chef » passent l'épreuve « Revisiter un plat d'antan ». Comme tous les ans, les mecs s'en sortent en faisant des chips de topinambour et des makis de poule au pot.

23 h 12

Texto d'Anouk : « Je pense que je vais baser Nat, j'en peux plus. »

Ouuuuuuuh putain, classe le texto de rupture avec erreur de destinataire.

Même dans la séparation elle me met dans une situation de merde.

Je fais quoi ?

Je réponds ?

Je fais comme si je n'avais rien vu, en attendant de recevoir un autre texto de sa part ?

Fait chier.

Elle m'oblige à me prendre la tête sur la façon de gérer la forme de notre rupture.

« Va te faire enc... »

Au loin, j'aperçois mes couilles revenir de leur long périple. Elles sont tellement mignonnes... Elles ont un grand sourire, elles ont l'air heureuses de me revoir.

Ouais mais non.

Effaçage de texto.

« Va te fa... »

« Va t... »

« ... »

SPLASH.

Mes couilles s'écrasent contre la fenêtre.

Il y a deux ans, elles seraient restées à mes côtés. Grandes, fières, majestueuses, telles des petites couilles de statue grecque. Je n'aurais pas répondu par texto, je l'aurais laissée dans sa merde.

Si elle m'avait appelé, j'aurais répondu d'un ton froid, je l'aurais laissée s'empêtrer dans ses explications.

J'aurais retourné la situation pour lui montrer à quel point elle faisait une connerie. Deux semaines plus tard, elle se serait mise à pleurer autour d'un verre. Je lui aurais accordé une seconde chance. Et pendant des mois elle s'en serait voulu.

Bon bah en plein chômage, j'envoie ce que je peux : « Tu as dû te tromper de destinataire, mais je comprends... Je ne t'en veux pas du tout. Je sais que la situation est compliquée, on se voit quand tu veux pour en parler... Bonne nuit. Bisous. »

COIN COIN.

31

djàdunkerque

Samedi 22 juin 2013

Texto : « Bonjour, je suis Maxime, un ami d'Isabelle. Je me marie dans un mois, j'ai besoin d'un dj, et elle vous a recommandé... Êtes-vous disponible ? »

Vu le dernier appel de ma banquière, bien évidemment que je suis disponible.

Je suis à moins 2000 balles, il faut encore que je me fasse un virement de compte à compte pour me remettre à flot. L'argent que j'ai mis de côté pendant mes quatre années de salariat se réduit de jour en jour. Tout passe en verres offerts en soirée et en restos.

Garder ma vie d'avant a un coût.

Un coût que je supporte comme je peux.

Et ce mariage tombe à point nommé, il me permettra de payer deux ou trois vodkas-Get-Perrier à des meufs en soirée ou à des contacts professionnels qui pourraient me servir.

Enfin s'il était tombé à Paris, ça aurait quand même été un peu plus cool.

Mais là c'est Dunkerque bordel.

Il y a cinq mois, je mixais dans des bars cool de Paris, j'en faisais des events Facebook pour montrer à tout le monde que je n'étais pas mort.

Demain, je pars à Dunkerque pour le mariage de Maxime.

Soixante-huit invités.

Et la playlist demandée par les mariés me fait vomir : les Black Eyed Peas, Lady Gaga et une petite macarena pour la surprise des mariés.

L'angoisse.

Cette fois, pas d'annonce sur Facebook.

Je ferme ma gueule.

Je ferme ma gueule pour 300 balles.

Au début, j'arrivais à m'en sortir financièrement, à taper dans les réserves accumulées. Mais ça coûte cher d'être au bomage.

Je suis tout le temps dehors, je donne rendez-vous à mes amis bomeurs dans des cafés, pour des pauses déj, pour des soirées, et je n'ai pas de tickets-resto, moi.

Entretenir ma vie sociale a un coût. Et pour continuer à avoir une vie, bah je me tape un mix à Dunkerque.

Je sais que c'est un plan de merde.

Train de 7 h 52 du matin

Je prends un taxi, je ne vais pas me faire chier à aller à gare du Nord à 7 heures du matin sous la pluie avec les matos sous le bras.

Je dors tout le trajet pour ne pas avoir à réfléchir sur la situation, sur ma situation.

282 euros.

Réveil à Dunkerque.

10h04.

Il pleut.

Il est 10h04 pourtant j'ai l'impression qu'il fait encore nuit.

Mon jean est trempé.

La bandoulière de mon sac s'est cassée.

Je n'ai plus de batterie sur mon iPhone.

Je ne sais pas à quoi ressemble Maxime qui doit m'attendre sur le quai.

J'ai oublié de prendre une brosse à dents.

C'est la merde. C'est la grosse merde, là. Tout ça pour prendre 300 balles.

J'aurais dû cracher dessus, bordel.

Ouais enfin je peux pas cracher dessus.

Mais Dunkerque quoi !

Bon vas-y, je vais peut-être me faire une invitée, c'est la seule chose qui me ferait ne pas regretter cette soirée.

Il n'y a qu'une personne qui attend au bout du quai.

En même temps, qui fait un Paris-Dunkerque un samedi à 7h52 ?

Maxime a l'air sympa. Même si je m'en fous qu'il soit sympa, je suis pas venu à Dunkerque pour me faire des potes.

Il me dépose à mon hôtel.

Le Campanile.

Putain mais qu'est-ce que je fous là.

C'est pas possible de faire une décoration avec aussi peu de charme.

Pas compliqué de mettre une housse de couette blanche, un mur gris foncé, et deux touches de couleur.

Ça coûte pas plus cher de faire une bonne déco, il suffit juste de faire les bons choix.

Dans cette chambre du Campanile de Dunkerque, tout est froid. Les murs sont jaunis, la housse de couette est un imprimé à fleurs de ma grand-mère, la lampe a été designée en 1994 pour But.

Maxime me propose de me balader dans Dunkerque. Il reviendra me chercher à 16 h 30 pour que commence l'installation de la sono.

Mais qu'est-ce que tu veux que je foute à Dunkerque, moi. Je m'en balek bordel. Je préfère rester à l'hôtel, je dois recharger mon iPhone, j'essaie de connecter mon MacBook Pro au wi-fi de l'hôtel, mais la connexion coûte 5 euros la demi-heure et je ne capte que dans les toilettes.

Comment les mecs font pour facturer 5 euros la demi-heure une connexion Internet alors qu'un abonnement illimité coûte 20 balles ? C'est un truc de fou ça. C'est comme s'ils nous faisaient payer l'utilisation de l'eau dans la salle de bains, en fait.

Ce serait même plus logique de faire payer l'eau plutôt que la connexion Internet. Leur abonnement Internet, c'est de l'illimité : quel que soit le temps de connexion au mois, ils paient la même chose.

Je me fais tellement chier que je dépense 15 balles de connexion pour pouvoir parler à mes potes sur le chat Facebook.

267 euros.

Je me décide quand même à aller pécho un truc à manger.

Je me pose dans la première brasserie que je trouve.

Je déteste manger seul. C'est une de mes plus grandes angoisses.

Quand j'ai fait un stage à Los Angeles, et que pour la première fois j'ai mangé seul, je prenais un livre pour faire semblant d'être occupé et ne pas avoir à croiser le regard des couples et des bandes d'amis qui se trouvaient à côté de moi.

Bah là, je n'ai pas de livre.

Et je suis à Dunkerque.

Je pense que si un jour je devais me couper les veines, ce serait maintenant.

Il n'y aura pas de pire moment dans ma vie que maintenant.

Dunkerque. Déjeuner seul dans une brasserie.

Addition à 25 balles.

242 euros.

Paquet de clopes, 6,50 euros.

235,5 euros.

Putain de journée de merde.

Comme d'hab dans ce genre de situation, Will adore m'envoyer des photos de notre bande de potes en train de s'amuser. C'est cruel, mais ça me fait rire. Il sait très bien que ça va me mettre dans le trou.

Là ils sont tous en train de déjeuner ensemble au Charlot.

Cool. Moi je suis à Dunkerque. Dunkerque. Dunkerque. Même le nom de cette ville est moche et angoissant.

Marseille ça sonne coolos.

Dunkerque ça sonne l'angoisse.

Un ami de Max passe me prendre à l'hôtel à 15 h 30.

Je me retrouve dans une salle des fêtes décorée avec des petits fanions où sont inscrits les prénoms de Maxime et Stéphanie.

Des nappes en papier blanc et des verres en plastique.

Du carrelage au sol.

Du carrelage marron.

Comme celui qu'on avait dans ma maison familiale.

Sauf que c'était en 1989.

Une immense baie vitrée donne sur un jardin trempé par la pluie de ce matin.

Ou par la pluie qui doit tomber depuis trois mois.

Quelle déprime ça doit être de vivre ici.

Quelques bougies bleues sont posées sur le bord des fenêtres. Elles n'ont jamais été allumées. Elles doivent être là « pour la déco ». Y a rien de plus insupportable que des éléments de décoration qui devraient avoir une fonction véritable, mais qui ne sont là que « pour la déco ».

Exemples :

– le vieux téléphone à touches posé dans l'entrée chez Stef. Il l'a acheté dans une brocante il y a deux ans. Ce téléphone n'a donc aucune valeur sentimentale, c'est juste « pour la déco » ;

– le vieux sac de boxe posé dans le salon de John. Vu le nombre d'heures de sport qu'il a dû faire dans sa vie, c'est juste « pour la déco » ;

– la machine à bonbons chez Anouk. Il n'y a jamais eu le moindre Haribo à l'intérieur. C'est juste « pour la déco. »

Je me tape l'installation des enceintes et de la table de mixage tout seul. Les potes du marié viennent vérifier que le Powerpoint qu'ils comptent projeter durant le mariage passe bien sur l'écran, mais y en a pas un pour me filer un coup de main.

La surprise Powerpoint, c'est le Dunkerque de la surprise.

Whaaaa, trop bien, il va y avoir des photos du marié bourré en boîte, c'est tellement drôle. Ah ouais, la photo de quand il était au ski avec ses potes. Et celle de la soirée où il a rencontré sa femme, trop mignon.

Je m'en bats les couilles, mec.

C'est dla merde ta surprise.

Qu'est-ce que je fous là, bordel ?

Ah ouais, je suis là pour les 300 balles.

Enfin les 235,5 euros.

Je me suis changé avant d'arriver dans la salle. Sauf qu'avec l'installation, je suis déjà en train de transpirer. Même si une invitée mignonne arrive ce soir, c'est mort pour ma gueule. Il est 17 h 48, les parents des mariés se présentent. Je garde ma veste pour cacher les auréoles que j'ai sous les bras.

Je commence par des petits sons coolos. C'est le seul moment de la soirée où je vais pouvoir mettre des musiques que j'aime, faut que j'en profite.

Les invités passent un à un devant moi. Un petit sourire pour chacun, la plupart me le rendent, mais je ne suis qu'un dj à leurs yeux.

Un dj de mariage.

Quand je mixe dans un bar cool, les filles me regardent, je peux prendre deux, trois numéros de téléphone dans la soirée et les relancer pendant la semaine pour me faire des apéros avec les plus mignonnes. Sélection faite après avoir débourré de la veille.

Là, je me prends les mêmes regards que lorsque je distribuais les bouts de pizza avec Ted.

Ce soir, pour eux, je suis une merde.

Un dj de mariage.

Le petit jeune qui gagne sa vie comme il peut.

Le petit jeune qui se casse le cul pour 300 balles.

Le petit jeune qui est un bosseur, hein ! C'est un battant, ce petit jeune !

— Ah, mais tu viens de Paris carrément ? C'est beau ça.

— Oui oui, je viens de Paris, ça me faisait plaisir de mixer pour Maxime.

Mon cul ouais. Qu'est-ce que je fous là, bordel ?

J'ai envie de remplacer la surprise Powerpoint des amis par une prez Powerpoint de toutes les idées que j'ai vendues à des marques. Pour leur montrer à tous que ce sont des putain de beaufs, pour leur montrer à tous mon vrai boulot, ma vraie vie, ma vraie force. Des Dunkerquois qui me prennent de haut. C'est le summum de ma journée de merde.

Quelques trentenaires viennent me voir pour me demander le nom de certaines musiques que je passe, ils se sentent un peu plus cool que les autres en faisant ça. Sauf que ce sont les mêmes têtes de con que je vais retrouver tout bourrés trois heures après en train de me casser les couilles toutes les deux minutes à me demander de passer les Black Eyed Peas.

— T'as pas les Black Eyed Peas, steuplaît ?

— Ouais, ouais, je vais les mettre... mais pas tout de suite. Là j'ai d'autres sons, avant.

— Hé sérieux, t'as pas de la musique sympa qui bouge, steuuuuuplaît ?

T'inquiète, je vais te mettre tes Black Eyed Peas. (Sale beauf, t'insinues que les sons mortels que jt'ai passés avant, c'est pas de la musique sympa ?)

— Hé, azyyyyyy, heuuuu, le truc de feeling là, tu sais làààààà, I gaaaat a feeeliiiiiinngggeuuuuuu.

— J'ai pas. En fait, j'ai regardé, je l'ai pas cette chanson. Hé vas-y, steuplaît, non sérieux, hé, steuplaît, non viens pas brancher ton iPhone sur ma table de mixage pour passer ton son. C'est pas possible de faire ça, j'ai pas le câble de toute façon, non vas-y, hé putain, dégage OK ? Tu dégages ! Non, tu touches pas !

Et meeeeerde, le programme de mon MacBook qui me permet de mixer plante à 2 heures du matin. Je suis en train de massacrer le mariage, merde.

Les mecs qui venaient me féliciter deux heures avant pour la qualité de ma sélection me lancent des regards noirs. Maxime est en train de jouer à des jeux d'alcool avec ses potes près du bar. Je pense qu'il ne s'aperçoit même pas que la musique s'est arrêtée.

Après treize minutes sans musique, j'arrive enfin à relancer le programme. Je fais croire que c'est le matériel loué qui a fait sauter la musique, pas mon ordinateur. Toujours se montrer confiant, faire des mimiques de « franchement, je comprends pas, moi tout marche sur mon ordi... Bizarre, je vais voir ce que je peux faire ».

Tout en mime.

Comme quand, en plein partiel, je demandais à John : « T'as trouvé quoi à la question B ? » en mimant de la main droite que je demandais un effaceur. Et John me répondait en mimant de grands gestes de « Tu me le rends après ».

Ça passait tout le temps.

Là, mes gestes d'incompréhension sont surjoués, mais tout le monde est bourré en face de moi. C'est le marié qui passe pour un crevard qui n'a pas loué le bon matos. Et moi je passe pour le mec qui s'investit en essayant de réparer du matériel qui n'est pas adéquat.

Sauf que je ne sais pas faire. D'habitude, c'est John qui gère tout ça. Mais là je suis seul, donc je débranche des câbles, je les rebranche, je souffle dans des trous de la table de mixage comme je soufflais dans mon jeu de Super Nintendo quand il y avait un bug. L'arnaque marche plutôt bien.

La machine redémarre.

Je galère avec mes sons trop cool pour eux.

J'aurais dû m'y préparer à ce mariage.

Mais je m'en bats les yoks.

Je suis pas là pour les faire kiffer. Je suis là pour prendre ma thune en jouant ce que j'ai l'habitude de jouer.

Le connard de dj que je n'ai jamais supporté en fait. Le mec qui passe les sons qu'il aime et pas ceux que veut son public.

3 h 52, toujours à Dunkerque, fin du mariage

Les potes des mariés ont décidé de balancer du son avec leur iPhone avec le câble que j'ai finalement accepté de sortir de mon sac.

Et ça marche.

C'est horrible, les gens dansent plus qu'avec ma sélection. Pourtant j'ai mis « Magnolias for ever » de Claude François, « Besame Mucho » de Dalida, j'ai fait ma pute quoi.

Mais voilà, quand leurs potes passent du son, les invités sont plus indulgents. Et puis bon, j'avais pas les Black Eyed Peas sur mon ordinateur.

J'avais pas, j'avais pas, c'est tout.

Neuf personnes dansaient au moment où j'ai lâché les platines.

Là, ils sont vingt-sept à se déchaîner.

Je fume une clope seul sur la terrasse. « Les Lacs du Connemara » en fond musical. On est samedi. Je suis à Dunkerque. Seul. Seul à fumer une clope sur du Michel Sardou putain. Par la grande baie vitrée de la salle, je regarde des gens bourrés que je ne connais pas danser et rigoler.

C'est la fête pour eux.

Pas pour moi.

Je rallume mon iPhone que j'avais éteint pendant la soirée pour ne pas avoir d'interférences avec les enceintes.

Sept MMS reçus : trois MMS de Will, un d'Antho, deux de Ted, un de John, j'ai le déroulé de leur soirée.

Les deux premiers ont été envoyés entre 21 h 03 et 23 h 37. Les potes étaient au Floréal, tous ensemble, avec pas mal de copines à table.

Le troisième les montre au Café Chéri(e) en train de se faire une tournée de shots. C'est Will qui tient l'appareil d'une main, il prend tout le monde en photo, lui compris, le flash de l'iPhone éclaire leurs sales gueules.

Sur le quatrième, Ted et John sont dans le coffre du break de Stef. Le flash de l'iPhone rend les photos floues, mais je vois leur sourire de mecs alcoolisés.

Cinquième, sixième, septième au Rex. En mode grosse, grosse teuf.

Voilà, je le savais, je ne devais pas accepter ce putain de mariage.

« J'aurais pas dû » aller à Dunkerque.

J'ai raté une putain de soirée.

Un pote de Maxime me raccompagne au Campanile. Il fait froid dans la chambre.

La télé fait la taille de mon ordinateur. À cette heure-ci, pas grand-chose de bien à regarder. Je tombe sur « Le Grand Zap Internet » sur la TNT, avec des vidéos de chats, de carambolages de voitures et de fous rires de bébés. Des vidéos que j'ai déjà vues quatre cents fois.

Faut que j'aille faire un check Facebook. La connexion 3G ne marche toujours pas dans ce coin perdu. Bizarre, j'imaginais que des mecs en chemisette de chez SFR allaient passer entre 16 heures et minuit installer une nouvelle antenne. Au moins un petit geste du destin pour aller dans mon sens quoi.

Je me retrouve sur les chiottes pour pouvoir capter deux barres de wi-fi.

Il est 4 h 53, je suis assis sur les toilettes d'un Campanile à Dunkerque pour me connecter à Facebook. Texto de Will : « La guerre mon frère, tu fous quoi toi ? Ça se passe bien Dunkerque ? HAHAHAHAHA. »

Je m'endors en laissant la télé allumée pour me faire bercer par le bruit de la voix off du « Grand Zap » plutôt que de m'endormir en pensant à ma condition.

Mon train retour est à 9 h 56. Je vais dormir à peu près trois heures.

C'est horrible de s'endormir en sachant qu'on ne va pas beaucoup dormir.

Je repense à cette soirée de merde.

Ça frappe à la porte.

Dis-moi que c'est la seule petite blonde potable de la soirée qui est venue. Steuplaît, steuplaît, steuplaît... Dis-moi que c'est elle.

C'est la voix du pote de Maxime.

Quoi ?

Ah ouais, il est 9 heures du matin.

J'ai l'impression de ne m'être assoupi que douze minutes.

Il m'explique qu'il a eu du mal à se réveiller, qu'on est à la bourre, qu'il faut que je me speede, qu'on a un peu de route avant d'arriver à la gare. Il va me faire rater mon train.

Voilà, 9 h 56, et je suis encore dans la caisse de ce mec qui sent l'alcool de la veille.

Les portes du train doivent être en train de se fermer alors que je vois à peine les formes de la gare se dessiner derrière les allers-retours des essuie-glaces.

Il pleut sa mère.

Faut que je prenne le prochain train.

Le pote de Maxime m'a déposé et s'est barré dans les trente secondes.

Bam, je me tape un billet de dernière minute à 61,70 euros.

J'ai rien mangé.

Menu à 6,80 euros bouffé trente-deux minutes après mon réveil dans le bar pourri de la gare : un paquet de chips Lay's saveur barbecue + sandwich emmental beurre + une bouteille d'Évian.

61,70 + 6,80 = 68,5 euros.

235,5 - 68,5 = 167 euros.

J'arrive défoncé à Paris, la bouche sèche, j'ai dormi trois heures.

Mon jean est encore mouillé.

La bandoulière de mon sac est toujours cassée.

Il pleut aussi à Paris.

Je ne vais quand même pas me faire chier à prendre le métro.

17 balles de taxi.

167 - 17 = 150 euros.

150 euros pour un calvaire à Dunkerque.

C'est bien, ça va rembourser la moitié de mes agios.

32

lefonddelapiscine

Lundi 1er juillet 2013

L'argent mis de côté pendant ma période pré-bomage s'amenuise de jour en jour. Je n'ai rien de concret en plus dans ma vie, tout est parti en futilités. En pastis d'après-midi, en demis d'apéro, en restos, en bouteilles de vin de dîner, en vodkas-Get-Perrier de soirée.

Je n'ai plus rien à me mettre. Ma garde-robe est la même depuis deux ans. Les quatre premiers mois, elle était encore assez efficace. Un an et demi après, je suis dépassé.

Je n'arrive plus à sortir de chez moi sans essayer quatorze tenues différentes. Aucune ne me plaît.

C'est le bordel dans le placard, la peinture de ma salle de bains s'écaille, mon appartement me déprime.

Je n'ai toujours pas réagi.

Je n'arrive plus à réagir.

Tout devient compliqué et source de prise de tête.

Je n'ai plus envie de rien.

Plus envie d'être dans le beau.

Plus envie d'être beau.

Je me trouve moche en fait.

Quand j'étais encore employé, je me sentais assez confiant en arrivant en soirée. Il ne pouvait pas m'arriver grand-chose. Je me plaisais à moi-même, donc je plaisais aux autres.

Aujourd'hui, l'image que je me renvoie est fade, sans intérêt. Faudrait un filtre Instagram sur ma vie pour l'embellir. Mon regard se baisse, ma voix porte moins, je n'arrive plus à avoir d'avis objectifs, je suis absent des débats.

Je suis devenu un suiveur.

J'écoute sans rien dire.

Les avis de mes potes deviennent les miens. Je n'ai plus aucune analyse. Je m'enferme dans une sorte de parano sans issue.

Je sombre.

Je sombre complètement.

Le moindre souci devient une prise de tête insurmontable.

Mon cerveau tourne aussi vite que lorsque je devais trouver des idées.

Mais il tourne aujourd'hui au service de noires pensées.

Mes amis entendent en continu les mêmes remises en question, les mêmes problèmes qui reviennent. Plus personne ne peut m'aider.

Anouk est une de mes obsessions.

Pourquoi l'ai-je ratée ?

Pourquoi n'est-elle pas tombée amoureuse de moi ?

Comment a-t-elle pu ne pas tomber amoureuse de moi ?

Si j'avais eu un boulot, est-ce que notre relation aurait été vraiment différente ?

C'est juste une connasse ?

C'était moi le relou de l'histoire ?

C'est à cause de mon chômage.

Ouais, c'est juste à cause de mon chômage en fait.

Quoique.

Plus personne ne me comprend.

Je parle dans le vide.

Les mêmes conseils reviennent.

Les mêmes réponses.

Les mêmes questions. En permanence.

Une permanence de questions.

Le travail c'est la santé.

J'ai longtemps pensé que c'était une connerie de dire cela.

Ma santé mentale ne va pas bien du tout.

Le travail sert à oublier les tracas du quotidien. C'est de l'abrutissement qui efface les maux que nous avons tous en nous.

Je ne fais plus rire personne en disant que je me réveille à 11 h 32 tous les matins et que mes soirées sont incroyables. C'était la seule façon pour moi d'exister, mais mon public connaît déjà toutes les vannes de ce one man show trop souvent répété.

« Ce n'est pas ton chômage qui m'a éloigné Nat, c'est ce que tu as voulu en faire. Faire croire aux autres que tu avais la vie la plus cool du monde. Alors que t'as une vie de merde. Mais assume-le et bouge-toi le cul ! T'es devenu une parodie de toi-même. »

Voilà le seul texto que j'ai reçu de Anouk.

Je tombe sur une histoire racontée sur Facebook.

Barack et Michelle Obama sont dans un restaurant. Michelle s'éloigne quelques minutes avec le gérant pour discuter. Elle est assez proche de lui, ils rigolent, se prennent dans les bras. À son retour à table, Barack Obama lui demande d'où elle connaît ce type.

— Lui ? C'est mon premier amour !

— Ah c'est dingue ! T'imagines, si tu étais restée avec lui, tu serais aujourd'hui la femme d'un restaurateur.

— Non, si j'étais resté avec lui, il serait aujourd'hui président des États-Unis.

Bon bah avec Anouk, je pense que je serais resté restaurateur, hein. C'est pas la meilleure personne à avoir à mes côtés pour surmonter cette période de ma vie.

Il faut avoir été au moins une fois au chômage pour comprendre les mécanismes psychologiques qui se mettent en place. Y a rien de cool dans le chômage. C'est de la merde le chômage. Tu te le prends dans la gueule sans avoir rien demandé, et t'es seul dans ta galère.

— T'en as bien profité, quand même...

— Pas du tout, Rox, c'est dur comme situation.

— Arrête un peu, t'as pas arrêté de sortir, de partir en vacances, de t'éclater, t'es le premier à le dire. Avec le CV que t'as, t'aurais pu retrouver du taf en deux semaines.

— Sauf que je ne savais pas ce que je voulais faire. Tu peux pas comprendre, tu ne t'es jamais retrouvé dans cette situation.

— Ouais ouais, OK, donc je ne peux pas parler de choses qui ne me sont pas arrivées en fait.

— Bah ouais.

— Et ton pote bomeur, là, celui qui s'est barré en tour du monde sur le compte du chômage ?

— Ouais mais bon là aussi... c'est pas pareil.

C'est une angoisse de se lever le matin en sachant que tu n'as rien à faire, que tu pourrais rester toute la journée dans ton lit, que ça ne changerait rien.

T'es coupé du monde.

Je n'en veux à personne de ne pas comprendre ma situation, j'étais pareil qu'eux avant mon bomage. Le « Mais putain, bouge-toi, trouve un taf et tu verras », je l'ai répété des centaines de fois à John lorsqu'il était au chômage et que je bossais. Je ne comprenais pas sa réponse : « Je ne sais pas ce que je veux faire. »

Aujourd'hui, c'est à moi de donner cette réponse. Je n'ai plus aucune conviction, plus aucune envie. J'ai l'impression de faire ma crise de la quarantaine à 26 ans.

Mon chômage, c'est exactement la même chose que l'accident de scoot que j'ai eu le mois dernier.

Mes amis et ma famille ont un peu fait attention à moi pour savoir si tout allait bien.

Puis j'ai pensé que tout allait bien donc je leur ai répondu que tout allait bien.

Puis tout le monde s'est éloigné.

Puis une fille est restée à mes côtés.

Puis j'ai commencé à ressentir la douleur et à me rendre compte que finalement tout n'allait pas si bien que ça.

Puis la fille s'est elle aussi cassée.

Puis je me suis retrouvé seul avec ma douleur.

J'ai essayé pendant un an de rendre ma situation cool, pourtant je me rapproche de plus en plus de Karine Viard sous la pluie avec ses trois gosses sur les bras devant son usine qui ferme à Dunkerque pendant une heure trente d'un film français interminable.

Je n'ai même plus le droit de partir d'une soirée sans que l'on me fasse comprendre que je ne sers à rien.

Quand j'avais un boulot, je pouvais m'esquiver d'un rendez-vous, d'un déjeuner, d'un dîner, d'une soirée grâce à une technique assez simple : le fameux « Bon, allez, ciaotoutlemondefautqjyaille ! ».

Le « faut » faisant croire aux personnes qui m'entouraient que j'avais des obligations, que je n'avais pas trop envie d'en parler, mais que j'avais vraiment un truc à faire. Du coup, personne n'enchaînait.

Cette stratégie marche pour tout le monde... sauf pour moi depuis que je suis au bomage.

— Bon allez, jme casse, faut que j'y aille.

— Bah, t'as quoi à faire ?

En un texto de merde, Anouk parvient à toucher mon ego.

Le dernier brin d'ego qui subsiste en moi.

Elle continue à me prendre pour une merde. Même après notre rupture, elle continue à me marcher dessus.

Ça y est, je touche le fond de la piscine. Et je vois même pas comment je vais pouvoir remonter à la surface.

33

soisprudent

Mercredi 4 septembre 2013, 16 h 07, terrasse ensoleillée de Chez Prune

— Vous servez encore ?

Y a qu'un bomeur pour poser cette question à 16 h 07.

— Ah noooon, désolé, le chef est parti, mais on peut te faire une assiette si tu veux.

— Ah cool, vas-y, une assiette de fromage ouais.

Les bistrots de bomeurs ont bien compris que les bomeurs mangent à 16 heures et ont toujours une assiette de charcuterie ou de fromage en dépannage.

Mais comme tous les dépannages, genre serrurier, plombier, etc., ça coûte un bras pour de la merde.

« Putain, le mec, jte jure, il est venu cinq minutes, il a fracassé ma porte, il m'a remis une serrure de merde, 600 balles ! J'aurais dû être serrurier. »

REPEAT.

« Putain, le mec, jte jure, il me sert une assiette de fromage avec un bout de camembert, un bout de roquefort et une confiture de merde genre cerise, 14 balles ! J'aurais dû tenir un bistrot à la con. »

Ted, en pause entre deux services, m'écoute inlassablement.

« Je me suis fais chier à faire les études que je ne voulais pas faire à la base, pour finalement me retrouver au chômage comme tout le monde. »

La créativité et la prise de risque sont rarement récompensées durant les études (à part quand je ne révisais qu'un chapitre sur douze, et que je chopais un 16 grâce à un coup de cul).

Pendant mes études, je ne m'étais jamais imaginé une seule seconde me retrouver un jour au chômage. En cours, mes professeurs me parlaient de « postes à responsabilité chez L'Oréal, de marketing, de relation client... »

Sauf que mes potes et moi, avec nos bac + 5 en poche, on s'est finalement retrouvés sur le carreau quatre ans après la fin de nos études. Du coup, le « Sois prudent, fais des études d'abord » de nos parents sonne bizarre.

J'ai morflé pendant un an, donc fini le « Sois prudent ».

Je n'ai plus rien à perdre.

Comme tous mes potes, mon bomage va me servir à prendre un risque.

« En ce moment, je monte ma boîte de prod. »

« En ce moment, je crée une start-up. »

« En ce moment, je lance ma galerie. »

« En ce moment, je suis sur un programme court. »

Je n'ai pas peur de prendre un risque.

Mais lequel ?

Dans quoi je peux me lancer ?

Dans quoi ai-je le plus de chance de réussir ?

Il me faut encore du temps pour réfléchir à ce que j'ai vraiment envie de faire.

Peut-être que dans trente ans, un autre gamin écrira que le « Prends des risques » de ses parents l'a mis dans la merde, mais vu celle dans laquelle je suis en ce moment, il ne pourra pas m'en vouloir.

Comment mes parents pourraient-ils comprendre ma situation ?

Ils n'ont jamais connu ça.

Mais être au bomage à 26 ans me permet de prendre conscience que, dans ma vie professionnelle, il va falloir que j'apprenne à rebondir en permanence. Que j'aurai simplement des cycles de réussite et des cycles d'échecs.

J'ai l'opportunité maintenant de pouvoir faire ce que je veux.

En fait, j'en ai même l'obligation.

C'est impossible pour moi de revenir à un poste de salarié.

J'ai trop pris l'habitude de me lever quand je le veux, de partir en vacances quand je le veux, de ne pas avoir à demander à mes boss si je peux prendre mon vendredi après-midi.

34

lapressionmongars

Vendredi 20 septembre 2013, 11 h34

Le resto de Ted tourne bien, il commence déjà à réfléchir à l'ouverture d'un second Slize.

Depuis qu'il a quitté le monde des chemisettes, il travaille maintenant dans la bonne humeur, il ne se met pas trop la pression, il gère sa nouvelle petite entreprise comme dans une cour de récréation. Il joue à chat bite avec ses employés.

La boîte de prod de Will commence à bien marcher. Il signe pas mal de contrats et vient de finir la production de son troisième court métrage.

Et moi ?

Bah moi je mange des pizzas chez Ted et j'accompagne Will dans les festivals où ses courts métrages sont sélectionnés.

Faut que je me bouge.

Comme dans un match de Rocky, je me suis fait latter la gueule en début de film, mais je commence à me relever. Touché dans mon orgueil, j'essaie de me relever dans le dernier round.

Bon, y a pas la foule de Russkoffs qui se lève peu à peu pour m'applaudir comme dans *Rocky 4*, mais y a mon père. Et mon père, niveau pression, c'est beaucoup plus fort qu'un stade entier de Soviétiques qui se lèvent pour gueuler ton prénom.

— Allô.

— Oui ?

— C'est papa.

— Ouais, je sais. (T'es le seul à encore appeler en numéro masqué, donc ça ne peut être que toi.)

— Bon alors, t'es enfin rentré ? (Ton insistant sur le fait que je reviens de week-end alors que je suis au chômage et que par conséquent, en étant au chômage, je ne devrais pas partir en week-end, parce que tu devrais travailler, tu devrais au moins chercher du boulot, tu comprends, c'est pas normal.)

— Oui. (Ça va putain, j'ai juste fait un week-end avec des potes.)

— Et t'as prévu de repartir ? (T'as QUAND MÊME PAS prévu de repartir ? Mon père, il ne connaissait pas le chômage, et encore moins le bomage, alors déjà que la paire de Nike à 110 euros achetée en détente alors que je suis au chômage, il a du mal à comprendre, me savoir en week-end avec des potes à rigoler, ça le rend dingue.)

— Bah si, j'ai l'anniversaire de John, on va peut-être partir à Ibiza, je ne sais pas encore. (Tu me demandes pas si c'était cool ? Si je me suis marré avec mes potes, etc. ?)

— Bon... OK... très bien, c'est beau la vie pour toi hein, d'accord... Et t'as réfléchi ?

— Oui oui... (Merde, vite, à quoi j'ai réfléchi ? Quelle réponse faut que je donne, un truc précis, vite...) Je vais monter ma boîte en fait, heuuu, une agence de com, j'ai pas mal de demandes, et je vais faire des sortes de partenariats avec des gens des RP et des gens de la prod, moi je reste au concept. (Je suis un putain de génie en impro face à mon père.)

— Ouais, tu deviens une boîte de facturation, quoi. (Ton déplaisant.)

— Bah non, je deviens ce que je suis depuis cinq ans en fait, je crée des concepts, quoi.

— Ouais... bon on en reparle.

— OK, on en reparle dans la semaine (Non, on n'en reparle pas, c'est ce que je vais faire, papa.)... et au fait, jvoulais te...

Biiiiiiiiiiiiiiiiiiiiiiiiiiiiiip.

Mon père m'a pris au saut du lit, je suis défoncé, mais il m'a permis de trouver une réponse en 0,33 seconde à une question que je me pose depuis plus d'un an.

Encore quelques mois et je n'aurai plus de droits Assedic.

Dernier round de mon combat.

Je vais me relever.

35

lunettesblanchespournuitsnoires

Vendredi 25 octobre 2013, 4 h 58

— Ouais ouais, je suis en train de monter mon agence de com.

— Ah mais c'est trop bien, je suis contente pour toi... Vraiment, je suis vraiment contente pour toi.

Putain, comment il me vénère ce ton condescendant de merde qu'elle prend avec moi. Mais bon, elle est bonne la pote d'Anouk croisée par hasard.

— Et elle va s'appeler comment ta boîte ?

Et meeeeeeeerde, je passe trop pour un bouffon encore. J'ai toujours pas de nom de boîte. Elle va encore dire à tout le monde que je suis sur un projet foireux, que je n'ai pas avancé, que j'essaie de m'en sortir mais que je suis encore la merde que j'étais.

— Alors, Nat ?

— Il est 5 heures.

— Quoi ?

Bouaaaaaaaaaaaaaahahahaha, comment je m'en sors bien. Heureusement qu'on entend rien en boîte, ça me fait gagner du temps.

— Je disais, il est 5duMAT.

— Non mais je ne t'ai pas demandé l'heure, je te demandais comment allait s'appeler ta boîte.

Putain, 5duMAT, mais c'est ça. 5duMAT. Ça défonce comme nom.

— Je te disais, la boîte va s'appeler 5duMAT.

— Haha, trop bon, t'as toujours eu des bonnes idées toi, je comprends pas comment Anouk elle n'a jamais capté le truc avec toi.

Elle me caresse le bras, là, ou elle n'a pas fait exprès ?

Ah si, elle me caresse le bras.

Ah ouais, elle me caresse bien le bras, même.

Barre-toi Nat, c'est pas bien.

— Je vais prendre un verre...

— Bah tu ne me proposes rien ?

Si tu savais ma belle tout ce que j'ai envie de te proposer.

— Si si... tu veux un verre ?

— Non... je ne veux rien boire...

Elle est con ou quoi. Ouais elle est con, mais elle est bonne.

Barre-toi Nat, c'est pas bien.

— Mettez-moi une vodka-Get-Perrier, s'il vous plaît.

— Et un whisky.

Je connais cette voix.

À qui appartient cette voix ?

Ardisson.

Thierry Ardisson, c'est lui.

Putain, Thierry Ardisson quoi.

— Ah Thierry, tu vas bien ?

— On se connaît ?

— Bah oui, Nathanaël...

— Ah oui, Nathanaël, je me souviens de toi. Tu fous quoi en ce moment ?

— Je suis au chômage.

— Et ?

— Bah, je suis sur plusieurs projets en fait...

— Tiens, prends un whisky, c'est pour moi.

— Non non, c'est pour moi.

— OK.

— Ah ouais, 37 balles le whisky douze ans d'âge, les enculés.

— Bah t'as voulu payer, faut que tu payes. T'as pas l'air serein toi hein.

— Bah je ne sais plus rien faire.

— Pas vrai, j'avais bien aimé ton idée, moi. Il est où le ptit con que j'ai vu en maillot de bain il y a deux ans et qui me prenait de haut ?

— Il est là-bas, au fond... Tu vois le trou, là ? Bah je suis au fond du trou.

— Ah ouais, t'es pas au top toi. Je suppose que tu baises même plus.

— Exact.

— Bon redonne-moi ton numéro, jt'appelle demain, j'ai un truc à te proposer.

Il disparaît en deux secondes. À sa place apparaît la pote d'Anouk. Pas la bonne copine, non, la copine bonne.

Je suis trop bourré ou quoi ?

C’est elle qui boit le verre de whisky que le serveur vient de poser sur le comptoir.

— Alors ?

— Alors ? Bah alors...

Barre-toi Nat, c’est pas bien.

— Oh là là, tu sentais un peu plus le cul, avant d’être au chômage toi hein.

Ah ouais, dur.

Ah... peu à peu... mais oui... peu à peu j’entends le stade...

J’entends les Russkoffs scander mon prénom.

Barre-toi Nat, c’est pas bien.

Mais ouiiiii. Mais ouiiiiiiiiiii. Mais ouiiiiiiiiiiiiiii iiiiiiiiiiii.

Barre-toi Nat, c’est pas bien.

« Adriaaaaaaaaaaaaaaaaaaaaaaaaan. »

— --------------------------------

— Ah bah c’était rapide, hein.

Oh non, la connerie, je viens de baiser la meilleure amie de mon ex.

Putain de vodka-Get-Perrier.

Putain de black-out.

36

lignedarrivée

Vendredi 25 octobre 2013, 6 h 47

Je m'endors apaisé.

Bourré mais apaisé.

Thierry Ardisson veut bosser avec moi et j'ai passé la nuit avec la meilleure amie de mon ex.

J'ai pas encore monté ma boîte qu'elle me sert déjà à me la raconter en soirée.

Ça y est, je suis de retour.

Un an et demi de trou noir pour ça.

Pour revenir à la case départ.

Trouver des idées et sentir le cul.

Ne me reste plus qu'à demander à mon père de s'occuper de tout l'administratif pour la création de la boîte.

Ah l'angoisse.

Tous les papiers dont je vais devoir m'occuper.

Oui, j'ai signé les papiers, oui.

Oui, je te les apporte, oui.

— 5duMAT, t'es sûr ? Je veux dire, t'es sûr du nom de la boîte, c'est un peu bizarre, les gens ne vont pas comprendre, même pour l'administration c'est pas terrible...

— Quoi c'est pas terrible, c'est génial comme nom de boîte, ça parle à tout le monde, je vais même pouvoir trouver des explications à un nom de boîte comme ça, genre le point de rencontre entre les couche-tard et les lève-tôt, ou un truc dans le genre : c'est en plein sommeil que je trouve le plus d'idées...

Ouais, en plein sommeil, c'est bon ça.

C'est vrai que souvent je me lève avec des idées, sur le scooter et tout.

Putain, faut que je m'occupe des papiers du scooter pour l'accident, j'ai toujours pas appelé l'assurance.

Je sais même pas où le garagiste a foutu le scoot.

Oui, j'ai signé les papiers pour la boîte, oui.

Il fait chaud.

Je suis où là ?

Oui, viens dans mes bras.

T'es qui, toi ?

Ah oui, la copine de Anouk.

Putain, barre-toi Nat, c'est pas bien.

Donc faut que je pense à une idée pour Ardisson.

5duMAT, c'est chanmé comme nom.

Lou ? Pourquoi tu m'appelles ?

Ah ça y est, je monte ma boîte alors tu me rappelles ?

Anouk pareil ? Tu veux savoir où j'en suis, c'est ça ?

Bah ouais, je monte ma boîte ouais, mais je n'ai pas envie de t'en parler, je t'en parlerai plus tard, quand j'aurai tout défoncé, ouais.

Oui papa, je t'apporte les papiers demain.

Elle va vite ma caisse, tellement vite.

Je vais tous les niquer.

Je suis devant.

Ouais, je suis devant tout le monde.

Il fait beau.

Le public se lève.

Oui, je le sais, je vais gagner, ça y est, c'est sûr.

J'ai gagné.

Mais oui, j'ai gagné !

Faut que je m'arrête au stand, maintenant.

Ilann est face à moi.

Je ne t'entends pas.

Ilann, je ne t'entends pas.

Je ne comprends ni tes gestes ni ce que tu me dis.

Le public crie toujours.

Mais c'est sûr, ça y est, j'ai gagné, non ? Je monte ma boîte, j'ai baisé la copine de mon ex, et Ardisson veut bosser avec moi.

Ilann se rapproche.

Plus fort, bordel.

Parle plus fort !

Ilann : « ... »

1 bis

putaindeptitcon

Vendredi 25 octobre 2013, 9 h 23

Une journée comme une autre.

9 h 23. Mon réveil sonne.

Impossible de me lever du premier coup. La veille, je me suis encore mis une caisse avec mes potes et j'ai baisé la meilleure amie de mon ex.

J'appuie sur le bouton de mon iPhone pour stopper l'alarme.

10 h 06. Réveil en sursaut.

Et merde, je me suis rendormi.

Réveillé par un coup de téléphone d'Ardisson.

— Ouais allô ouais, Nat ? Je te réveille pas ? Faut que je te voie pour un nouveau truc que je sors là.

Raclement de gorge en mode « maisc'estbonjsorsdemadouche ». En vrai, je suis encore allongé dans mon lit, sous ma couette, il fait froid putain. Je relève le rideau du bout du pied. Un temps de merde.

— Hein ? Ouais, le truc que tu sors, bah on se voit quand tu veux.

— Alors dans vingt minutes à Rivoli, ça te va ?

— Ouais ouais, je suis au bureau là, pas loin, j'arrive.

J'ai une blonde qui ronfle dans mon lit, les cheveux collés au visage.

Je suis à la bourre.

Je n'ai plus de dosettes Nespresso.

Elle claquera la porte.

Putain, elle est bonne.

Merde, j'ai pas pensé à brancher mon iPhone pendant la nuit, je vais être en galère de batterie.

Bon vite, jean, Nike, chemise en jean, portefeuille, les clés, mon Moleskine, c'est bon, mon MacBook, c'est bon.

OK, j'y vais.

Merde, mes clopes.

Ah ouais mes clopes, elles sont où ?

Ah j'aime pas ça, elles sont dans ma poche arrière de jean, toutes écrasées.

C'est bon, j'ai tout.

J'ai tout mais je suis à la bourre.

Je ne sais pas si j'ai franchi la ligne d'arrivée, mais en deux ans de formule 1, j'ai la vague impression de ne toujours pas avoir changé de voiture de course.

Putain de merde, un an et demi de chômage pour redevenir le ptit con que j'étais.

Cet ouvrage a été imprimé en France par

CPI
BUSSIÈRE

à Saint-Amand-Montrond (Cher)
en février 2014

La photocomposition de cet ouvrage
a été réalisée par
GRAPHIC HAINAUT
59163 Condé-sur-l'Escaut

N° d'édition : 53672/01 – N° d'impression : 2006676
Dépôt légal : mars 2014